경계선 지능의 아동·청소년을 위한

느린 학습자와 일상을 잇는 생활문해 지원 워크북

이연수 저

BUILD-UP OF LIFE LITERACY THAT CONNECTS SLOW LEARNERS AND DAILY LIFE

학지사

머리말

사설센터에서 치료사로 오랫동안 쌓아 온 소중한 경험을 '책'으로 풀어내야겠다는 생각을 해왔다.

사실 이런 생각은 몇 년 전부터 조금 더 구체적으로 하기 시작했다.

수업 준비를 위해 직접 워크지를 만들다 보니 욕심도 생기고, '느린 학습자'와 '문해력'에 대한 나만의 주관이 하나둘씩 확립되면서 이제는 실천에 옮길 때가 되었다고 느끼고 있었다.

요즘은 '느린 학습자'와 '문해력'에 관한 좋은 책들이 정말 많고, 지금도 끊임없이 새로운 책들이 쏟아져 나오고 있다.

하지만 아무리 좋은 책이라도 제대로 배우고 익힐 수 없다면, 그저 '종이뭉치'일 뿐이다.

그러던 중 생각을 현실에 적용해 볼 수 있는 소중한 기회가 찾아왔다.

이 기회를 놓치고 싶지 않다는 생각이 들었다.

거의 모든 사람은 학습능력을 키우기 위해 '문해력: 글을 읽고 그 뜻을 이해해 표현하는 능력'을 우선순위에 둔다.

느린 학습자도 예외는 아니다.

하지만 학년이 올라갈수록 '문해력 저하'가 학습의 걸림돌로 작용하여 점점 학습에 대한 흥미로부터 멀어진다.

좀 더 구체적으로 들어가면 무언가를 위해 끊임없이 알아 가고, 배우고, 익히는 배움의 감각마저 없어지고 만다.

엄연히 따지면 '문해력'은 학습을 넘어서 생존을 위한 '생활 역량'인데도 말이다.

사정이 이렇다 보니, 나는 이런 상황을 그냥 두고 보기 힘들었다.

그래서 문해력 실력을 키우면서 그것을 생활영역에서 다룰 방법에 대해 고민한 끝에 '생활문해지원 워크북'을 만들게 되었다.

이 책에서 나는 문해력을 키움으로써 일상생활을 잘 해내는 것에 대해 이야기하고자 했다.

특히 천천히 자라는 느린 학습자에게 이러한 생활문해력을 키워 주는 방법에 대해 꼭 알려 주고 싶었다.

그리고 그들이 문해력을 생활문해력으로 어떻게 확장시킬지 궁금하고 응원하고 싶어졌다.

이제 문해력에 대한 느린 학습자의 고민을 덜어 주기 위한 책을 세상에 내보낸다.

책으로 엮은 '생활문해 지원 워크북'의 매력에 아이들뿐만 아니라 치료사, 특수교육 관련 종사자, 부모님도 흠뻑 빠져들기를 바란다.

아무쪼록 이 책이 느린 학습자의 일상생활 생활력을 높이는 데 작은 밑거름이 되기를 간절히 바란다.

그리고 나의 활동을 무한히 응원해 주는 가족들에게도 고맙다는 말을 전하고 싶다.

2026년 1월

이 연 수

이 책의 구성

① 책에 언급한 '생활문해'는 '글을 읽고 이해하는 능력을 넘어 일상 속 생활정보를 해석하고, 활용할 수 있는 능력'을 말한다.

② 하루 몇 쪽만 읽고 풀어도 32일이면 생활에 필요한 어휘 및 내용을 체득하도록 하였다.

③ 초등학교 고학년부터 중학교에 재학 중인 느린 학습자들이 일상생활을 이해하는 데 필수적인 '가정' '학교' '소비' '안전' '시사' '건강' '여가' '디지털' 8개 영역에서 32개의 지문을 접하도록 제시하였다.

④ 책의 접근성과 활용성을 고려해 '기초편(PART 1)'과 '실전편(PART 2, 3, 4)'으로 구분되며, '기초편'부터 차근차근 진행하기를 권한다.

'기초편'에서는 8개의 짧은 지문을 읽고 3단계 학습법으로 생활문해 기본기를 다질 수 있도록 한다.

1단계	어휘력 심기	짧은 글 속 4~5개의 어휘를 먼저 알아본다. 이미지를 통해 일상생활에서 활용할 수 있는 기본 어휘 등을 쉽게 알도록 한다.
2단계	독해력 깨우기	친근한 소재의 짧은 글을 읽는다. 음절 200~400 수준의 글을 읽고, 글을 이해했는지 확인하는 문제를 푼다.
3단계	표현력 열기	읽은 글의 내용을 바탕으로 그림 그리기, 짧은 문장 쓰기, 필사 등의 활동으로 흥미와 즐거움을 느끼며 문장 감각을 키운다.

'실전편'에서는 24개의 긴 지문을 읽고 3단계 학습법으로 생활문해 활용 능력을 향상시키도록 한다.

1단계	어휘력 틔우기	긴 글 읽기 전, 지문 속 어려운 어휘를 먼저 살펴본다. 살펴본 어휘를 통해 어휘의 의미와 쓰임새를 정확히 익힌다.
2단계	독해력 살피기	친근하고 흥미진진한 소재부터 새롭게 관심 가지면 좋을 소재가 포함된 긴 글을 읽는다. 음절 500~1,000 수준의 글을 읽고, 글의 세부 내용을 기억하며 확인하는 문제를 푼다.
3단계	표현력 키우기	읽은 글의 내용을 바탕으로 한 서술형 질문에 스스로 답할 수 있도록 한다. '나만의 생각'을 담아 '나만의 문장'을 써 보고 유의미한 언어 표현 활동에 참여할 수 있다.

이 책의 활용법

① 지문을 다양한 방법으로 읽게 해 준다.

적당한 속도로 정확하게 읽을 수 있어야 책의 내용을 이해할 수 있다.

따라서 아이의 읽기 유창성 수준에 맞춰 읽어 주는 것 듣기, 치료사가 한 문장씩 읽으면 따라 읽기, 입 맞추어 함께 읽기, 번갈아 읽기, 혼자 읽기, 친구와 서로 읽어 주기(그룹 수업일 경우) 등의 여러 가지 방법을 활용하면 좋다.

② 생활문해 지원 워크북 '기초편(PART 1)'에서는 반드시 〈배경지식〉을 확인하고 연결고리를 찾아본다.

짧은 글과 함께 소개된 〈배경지식〉도 읽도록 유도한다. 이를 통해 짧은 글을 더 자세히 알 수 있다.

③ '표현력 열기/키우기'는 표현 활동이므로 워크지로만 활용할 것이 아니라 실제 활동을 통해 익히도록 한다.

표현력 열기 및 키우기 활동과 연계하여 능동적인 수업을 해 보도록 한다. 예를 들어, '기초편'에 실린 '우리 집은 청소 중/슈링클스 매직! 나만의 키링 만들기' 그리고 '실전편'에 실린 '주말에는 나도 스파게티 요리사/겁먹지 마, 키오스크/도전, 무인 셀프 계산' 등의 경우에는 직접 해 보거나, 만들거나, 사용해 보거나 한다. 그 외 언어표현 중심으로 접근한 활동은 토론형식을 빌려 진행해 본다. 이렇게 통합적으로 접근하면 아이들의 자유로운 표현 능력이 향상되고 흥미 있게 참여 가능할 것으로 기대된다.

일러두기

- 이 책에 나온 글은 저자가 직접 썼고, '시사' 영역의 글은 2022년 1월부터 2024년 10월까지 SBS, 서울신문, MBN, 아시아경제, 머니투데이에서 다룬 기사를 참조하여 재구성하였다.
- 글에 나오는 어휘의 뜻풀이는 『표준국어대사전』과 『한국어기초사전』 그리고 다음 어학사전, 네이버 사전을 참조했다.
- 이 책에 삽입된 사진은 픽사베이에서 제공하는 이미지로, 저작권이 없는 자유 이용 저작물이다. 그 외 이미지는 미리캔버스, 아이클릭아트, 클립아트코리아에서 제공하는 디자인 요소를 결합하여 직접 제작하였다.

차례

◇ 머리말 3

◇ 이 책의 구성 5

◇ 이 책의 활용법 6

◇ 일러두기 6

PART 1

생활문해 기초편

'생활문해력'의 씨앗을 키워야 한다

1일차 우리 집은 청소 중 13

2일차 구석구석 청와대 탐방 16

3일차 용돈을 잘 쓰는 법 19

4일차 싱크홀은 무서워 22

5일차 무인(無人)매상의 그림자 25

6일차 개인 위생을 지키는 N가지 방법 28

7일차 슈링클스 매직! 나만의 키링 만들기 31

8일차 악성댓글, 이대로 괜찮을까? 34

PART 2

생활문해 실전편

'일상생활 잘하는 능력'도 길러야 한다

9일차 주말에는 나도 스파게티 요리사 39
10일차 시험 준비는 힘들어 42
11일차 겁먹지 마, 키오스크 47
12일차 스몸비족의 최후 51
13일차 누가 먼저 앉지? 54
14일차 이불 밖도 안전지대 57
15일차 캠핑 대신 글램핑 떠나요 60
16일차 무엇이든 물어보세요 64

PART 3

생활문해 실전편

'일상생활'에도 '문해력 연습'은 필요하다

17일차 회의는 계속될 거야 69
18일차 사랑의 도시락 배달 73
19일차 도전, 무인 셀프 계산 77
20일차 학교에선 절대 신으면 안 돼 81
21일차 '한강'의 기적 84
22일차 아프고 아파서 87
23일차 미술관 나들이 90
24일차 AI교과서의 시대 93

PART 4

생활문해 실전편

'학습문해력'이 아닌 '생활문해력'을 목표로 삼아야 한다

25일차 첫 생일을 축하해 99
26일차 동아리 활동을 소개합니다 102
27일차 현금 없는 버스가 있다? 106
28일차 자전거, 제대로 알고 타나요? 109
29일차 '법이 봐주는' 아이들 112
30일차 날씨가 왜 이래? 115
31일차 경주로의 여행 118
32일차 핸드폰에 폭싹 빠졌수다 121

◇ 정답 125

Building up life literacy

1일차	가정	우리 집은 청소 중
2일차	학교	구석구석 청와대 탐방
3일차	소비	용돈을 잘 쓰는 법
4일차	안전	싱크홀은 무서워
5일차	시사	무인(無人)매장의 그림자
6일차	건강	개인 위생을 지키는 N가지 방법
7일차	여가	슈링클스 매직! 나만의 키링 만들기
8일차	디지털	악성댓글, 이대로 괜찮을까?

PART 1

생활문해 기초편

'생활문해력'의 씨앗을 키워야 한다

1일차 가정

짧은 글로 만나기

우리 집은 청소 중

공부한 날
(　　　)월
(　　　)일

어휘력 쉼기

그림에 가장 어울리는 단어를 골라 선으로 연결하세요.

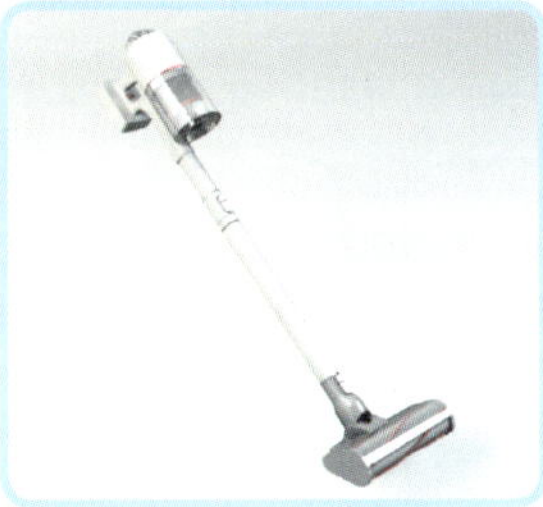

- 마른 걸레
- 밀대 걸레
- 무선 청소기
- 침구

독해력 깨우기

다음 글을 읽고, 질문에 답하세요.

우리 집은 부모님이 맞벌이라 주말에 청소를 한다. 거기에는 나름 역할이 분담되어 있다. 올해 초등학교에 입학한 늦둥이 동생은 마른 걸레를 들고 가구와 가전제품 위에 쌓인 먼지를 닦아낸다. 나는 집안 구석구석을 누비며 무선 청소기를 돌린다. 아빠는 밀대 걸레로 바닥 걸레질과 분리수거를 하시고, 엄마는 총괄 지휘를 하시며 화장실 청소, 냉장고 정리, 침구 정리 등의 일을 담당하신다. 쾌적한 집 안 환경을 만들기 위해 주말 아침부터 온 가족이 청소하는 일은 너무나 당연하지만 한편으로는 여간 귀찮은 일이 아닐 수 없다. 하지만 청소를 끝내고 깨끗해진 집 안을 보니 뿌듯했다. 앞으로도 특별한 일정이 없으면 주말마다 집 안 대청소를 꼭 하자고 가족들과 약속했다. 그리고 집을 깨끗하게 사용해야겠다고 다짐했다.

배경지식

맞벌이

부부(夫婦) 모두가 직업을 가지고 같이 돈을 버는 것을 말한다. 최근 생활비 상승, 주거비 폭등, 전통적 성 역할에 대한 인식완화, 부부 모두 개인의 경력과 자기실현을 중시하는 가치관 확산, 살인적인 사교육비 등으로 실제로 우리나라 부부의 절반가량은 맞벌이하고 있으며 계속 늘어나는 추세이다.

어휘풀이

역할: 자신이 해야 할 일
분담: 일이나 역할이나 비용 따위를 나누어서 맡음
늦둥이: 나이가 꽤 들어서 낳은 자식
곳곳: 여러 곳
총괄: 모든 일을 통틀어 두루 살펴봄
지휘: 어떤 목적을 이루기 위하여 이끌어 통솔함
일정: 그날에 할 일

1. 우리 집은 주말에 무엇을 하나요? ○ 하세요.

청소	여행	캠핑

2. 동생은 어디에 쌓인 먼지를 닦나요? ○ 하세요. (2개)

가전제품 위	창문 아래	가구 위

3. 집 안 대청소를 한 내용과 다르게 행동한 사람은 누구인가요? ○ 하세요.

엄마	냉장고 정리를 했다.	나	총괄 지휘를 했다.	아빠	분리수거를 했다.

4. 깨끗해진 집 안을 보고, 나는 어떤 느낌이 들었나요? ○ 하세요.

뿌듯함	아쉬움

표현력 열기

평소 생활하는 자신의 방을 깨끗하게 청소한다면, 어디를 어떻게 할지 아래 그림을 참고하여 적어 보세요.

2일차 학교

짧은 글로 만나기

구석구석 청와대 탐방

공부한 날
(　　　)월 (　　　)일

어휘력 쉼기

그림에 가장 어울리는 단어를 골라 선으로 연결하세요.

춘추관
우람한 전통 전각 모양새의 건물

청와대
푸른 기왓장으로 지붕을 얹은 건물

영빈관
18개의 돌기둥이 있는 웅장한 건물

관저
고급스러운 한옥의 모습

독해력 깨우기

다음 글을 읽고, 질문에 답하세요.

진영이는 반 친구들과 함께 청와대 체험학습을 다녀왔다. 대통령이 일을 하며 살았던 공간을 눈으로 직접 본다고 하니 신기했다. 가장 먼저 춘추관에 갔다. 선생님께서 춘추관은 대통령과 청와대 대변인이 나라 안에서 생긴 여러 가지 문제나 과제를 방송에 발표하는 장소이자 기자회견장으로 쓰이는 곳이라고 말씀해 주셨다. 1층에는 대변인 체험을 할 수 있는 촬영 구역(포토존)이 있고, 2층에는 브리핑실이 있었다. 춘추관에서 나와 간 곳은 대통령과 가족이 생활했던 관저였다. 관저는 생각보다 매우 넓었다. 마지막으로 찾은 곳은 영빈관이었다. 영빈관은 주로 대규모 회의와 귀한 손님들이나 외국 손님을 위한 공식 행사가 열리는 곳이라고 했다. 화려한 건물 바깥과 달리 내부는 소박한 모습이라 조금 놀라웠다.

감기 기운이 있어서 몸 상태가 좋지 않았지만, 의외로 청와대 안에 볼거리가 많아서 정말 재미있었다.

배경지식

체험학습
교실 밖에서 실제 현장에서의 체험 과정을 통해 학습이 이루어진다.

어휘풀이

대변인: 다른 사람을 대신해 의견이나 생각을 말하는 사람
기자회견장: 기자들을 불러 모아서 서로 이야기를 주고받는 곳
브리핑실: 어떤 일이나 상황에 대해서 중요한 점만 설명하는 방

1. 진영이는 누구와 청와대에 갔나요? ○ 하세요.

가족들 | 반 친구들 | 친척들

2. 이곳은 어디인가요? ○ 하세요.

'이곳'은 나라 안에서 생긴 여러 가지 문제나 과제를 방송에 발표하는 장소이자 기자회견장으로 쓰인다.

영빈관 | 관저 | 춘추관

3. 관저는 누가 사용하니요? ○ 하세요. (2개)

대통령 가족 | 대통령 | 국민

4. 영빈관의 쓰임새는 무엇인가요? ○ 하세요. (2개)

기자회견장 | 대규모 회의 | 공식 행사

5. 진영이의 청와대 내 이동경로에 대해 바르게 설명한 것은 무엇인가요? ○ 하세요.

춘추관 → 관저 → 영빈관 | 영빈관 → 춘추관 → 관저

표현력 열기

체험학습을 다녀온 경험을 떠올려 보고, 나만의 네 컷 갤러리를 만들어 보세요.

3일차 소비

짧은 글로 만나기

용돈을 잘 쓰는 법

공부한 날
(　　)월
(　　)일

어휘력 심기

그림에 가장 어울리는 단어를 골라 선으로 연결하세요.

용돈

용돈 기입장

용돈기입장(예시)

날짜	내용	수입	지출	잔액
○월 ○일				

체크카드

통장

독해력 깨우기

다음 글을 읽고, 질문에 답하세요.

라엘이는 용돈을 자기 통장으로 받아 체크카드와 연결해서 편리하게 사용한다. 그리고 일주일에 한 번씩 용돈 기입장을 적는다. 그렇게 했더니 얼마의 돈을 받았는지, 일주일 동안에 어떤 소비항목으로 얼마를 사용했는지 알 수 있어 좋고, 계좌에 남은 돈이 얼마인지 쉽게 파악할 수 있어 더 좋다는 생각이 들었다.

용돈 기입장 쓰는 방법

① 용돈 기입장 노트를 준비한다.
② 제일 왼쪽에 날짜 칸을 만들어 용돈을 받거나 사용한 날짜를 적는다.
③ 날짜 칸 옆에 내용 칸을 만들어 돈이 어떻게 사용되었는지 그 내용을 적는다.
④ 내용 칸 옆에는 '들어온 돈(수입)', '나간 돈(지출)'을 적는다.
⑤ 마지막 칸에는 '남은 돈(잔액)'을 적는다.

배경지식

체크카드
통장에 들어 있는 잔액 범위 내에서 결제하는 카드로, 초등학생부터 고등학생까지 10대들의 이용량과 사용금액이 크게 늘었다.

어휘풀이

일주일: 한 주일 또는 칠 일
소비항목: 돈을 쓰는 곳
계좌: 은행에서 개인의 수입과 지출을 기록한 것

1. 라엘이는 용돈을 어떻게 받나요? ○ 하세요.

자기 통장으로	직접 현금으로

2. 라엘이가 '용돈 기입장'을 쓰면서 좋았던 점에 대한 설명으로 옳지 않은 것은 무엇인가요? ○ 하세요.

계좌에 남은 돈이 얼마인지 쉽게 파악할 수 있다.	
얼마의 돈을 받았는지 알 수 있다.	
하루 동안에 어떤 소비항목으로 얼마를 사용했는지 알 수 있다.	

3. '용돈 기입장'을 적을 때, 다음과 같이 한 다음에 무엇을 하나요? ○ 하세요.

'들어온 돈(수입)', '나간 돈(지출)'을 적는다. → ?

돈이 어떻게 사용되었는지 그 내용을 적는다.	'남은 돈(잔액)'을 적는다.

표현력 열기

만약 나에게 일주일 동안 25,000원의 용돈이 주어진다면, 어떻게 사용할지 기록해 보세요.

용돈 기입장

날짜		내용	수입	지출	잔액
월					
화					
수					
목					
금					
토					
일					
합계					

나의 용돈 기입장 기록을 살펴보고 느낀 점을 적어 보세요.

4일차
안전

짧은 글로 만나기

싱크홀은 무서워

공부한 날
(　　　)월
(　　　)일

어휘력 심기

그림에 가장 어울리는 단어를 골라 선으로 연결하세요.

- 싱크홀
- 앱
- 불안
- 관할 구청

독해력 깨우기

다음 글을 읽고, 질문에 답하세요.

최근 우리나라에서도 싱크홀 사고가 잇따라 발생하고 있어 불안이 커지고 있다.

싱크홀이 발생하면 도로가 갑자기 내려앉거나 달리던 차들이 순식간에 땅속으로 빨려 들어간다.

이때 침착하게 대처하지 못하면 큰 사고가 날 수 있다. 싱크홀이 발생하기 전이나 발생한 후에는 다음과 같이 행동한다.

올바른 싱크홀 대처 방법

싱크홀 발생 전

① 땅이나 도로, 인도 등이 파이거나 가라앉는 등의 전조증상을 발견했다면, 관할 구청이나 119, 안전신문고 앱(어플리케이션)을 통해 신속히 신고한다.

싱크홀 발생 후

① 길을 걷다 싱크홀을 발견했을 때는 가까이 접근하지 말고 안전거리를 확보해 우회하여 이동한다.

② 차에 타고 있다면 빠르게 안전한 곳으로 대피한다.

배경지식

싱크홀(Sinkhole)

도로 위에서 갑자기 땅이 꺼져 사람이나 자동차가 위험에 빠지는 현상이다. 이러한 싱크홀 현상은 우리나라뿐만 아니라 전 세계적으로 급증하고 있다.

어휘풀이

순식간: 매우 짧은 시간 동안
대처: 어떤 일이나 사건에 대해 조치를 취함
전조증상: 어떤 일이 일어나기 전에 나타나는 기미
관할: 권한에 의하여 거느려 다스림
구청: 구의 행정 사무를 맡아보는 관청
안전신문고: 신문고를 모티브로 한 안전 앱(어플리케이션)
안전거리: 안전을 위해 유지해야 할 앞사람과의 보행거리
우회: 돌아가는 것

1. '싱크홀' 사고가 잇따라 발생하자, 어떤 마음이 드나요? ○ 하세요.

불안한 마음	편한 마음

2. '싱크홀'이 발생하면, 어떻게 되나요? ○ 하세요.

도로가 갑자기 내려앉거나 달리던 차들이 순식간에 땅속으로 빨려 들어간다.	
사람들이 차를 운전하거나 어디든지 걸어 다닐 수 있다.	

3. '싱크홀 발생 전' 대처 방법으로 알맞지 않은 것은 무엇인가요? ○ 하세요.

관할 구청에 신고	가까이 접근	119에 신고

표현력 열기

'싱크홀'에 대한 정보를 담아 해시태그를 만들어 보세요.

#

#

#

#

TIP 해시태그를 만들 때, 다음 질문을 활용해 보세요.

- 싱크홀이란 무엇인가요?
- 싱크홀 사고가 늘어나면 어떤 기분을 느낄까요?
- 싱크홀이 일어날 전조증상이 보일 때, 어떻게 하면 좋을까요?
- 싱크홀이 일어났을 때, 어떻게 대처하면 좋을까요?

5일차

시사

짧은 글로 만나기

무인(無人)매장의 그림자

공부한 날

(　　　)월

(　　　)일

어휘력 심기

그림에 가장 어울리는 단어를 골라 선으로 연결하세요.

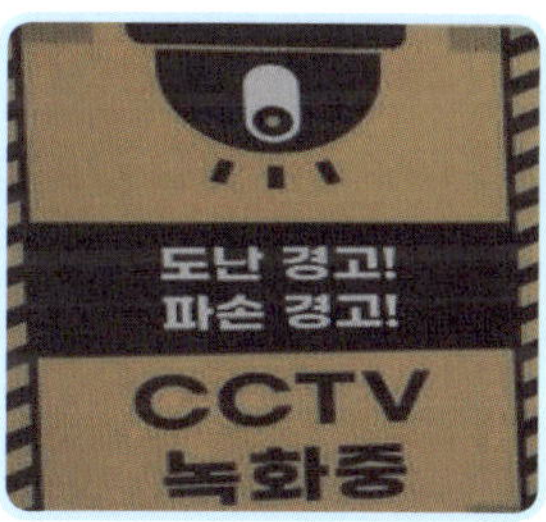

감시 카메라
CCTV

무인매장

경고장

도난

독해력 깨우기

다음 글을 읽고, 질문에 답하세요.

요즘은 운영자 없이 24시간 열려 있는 '무인매장'을 쉽게 찾아볼 수 있다. 예를 들어, 아이스크림 할인점이나 무인 문방구, 무인 사진관, 무인 편의점, 무인 카페가 있다. 이러한 추세는 비대면(언택트) 소비증가로 더욱 늘어날 전망이다.

그러나 무인매장은 종업원 눈치를 보지 않고 제품을 자유롭게 구경하고 살 순 있지만, 매장 내 도난 사건이 끊이지 않는 점에 대해서는 생각해 봐야 한다. 왜냐하면 범죄를 예방하기 위해 감시 카메라(CCTV)를 설치하거나 도난 사실이 적발되면 바로 경찰에 신고하겠다는 경고장을 매장에 붙여도 도난 사건을 줄이기에는 역부족이기 때문이다. 그렇기 때문에 매장을 지키는 사람이 없어도 이용하는 사람들은 양심적으로 행동해야 한다. 가정과 학교에서는 준법교육을 강화해 무인매장을 사용하는 아이들이 올바른 법 관념을 가질 수 있도록 가르쳐야 한다.

배경지식

비대면(언택트) 소비

사람을 직접 만나지 않고 이루어지는 소비를 일컫는다.
기존에는 키오스크나 식권 자판기 등을 통한 서비스가 일반적이었지만 최근에는 간편결제 앱을 활용하는 사례가 많아지고 있다.

어휘풀이

도난: 도둑에게 돈이나 귀중품을 잃음
적발: 부정적인 일이나 물건을 들추어냄
역부족: 힘이나 기량 따위가 모자람
양심적: 어떤 행동에 대하여 말이나 행동이 부끄럽지 않은
준법교육: 법률이나 규칙을 그대로 따르는 가르침
강화: 더 튼튼하고 강하게 함, 수준이나 정도를 높임
관념: 어떤 사물이나 현상에 대한 견해나 생각

1. 다음 중 쉽게 찾아볼 수 있는 무인매장은 무엇일까요? ○ 하세요. (2개)

문방구	편의점	식당

2. 무인매장에선 도난을 막기 위해 어떤 노력을 하나요? ○ 하세요.

직접 주인이 매장을 지킨다.	
아르바이트생을 둔다.	
CCTV를 설치하거나 도난 관련 경고장을 붙인다.	

3. 무인매장의 도난을 예방하기 위해, 이용자와 가정/학교에서는 각각 어떻게 하나요? 선으로 연결하세요.

이용자	●	●	준법교육을 강화한다.
가정/학교	●	●	양심적으로 행동한다.

표현력 열기

내가 자주 가는 무인매장 이용에 대한 나의 생각을 써 보세요.

자주 가는 무인매장

6일차

건강

짧은 글로 만나기

개인 위생을 지키는 N가지 방법

공부한 날
(　　　)월
(　　　)일

어휘력 심기

그림에 가장 어울리는 단어를 골라 선으로 연결하세요.

발 씻기

땀

샤워

세탁

독해력 깨우기

다음 글을 읽고, 질문에 답하세요.

어느새 여름이 성큼 다가왔다.

무더워지기 시작한 지금이 개인 위생관리를 전사적으로 시작할 시기이다.

날씨가 더워지면 땀도 많이 나고, 과도한 피지 분비로 이어지기 쉽다. 특히 2차 성징이 시작되면서 호르몬 변화가 생기고, 신체 변화에 민감해지고, 다른 사람의 시선이 신경 쓰이기 시작하는 10대들은 위생관리에 각별히 신경 써야 한다.

이에 10대들을 위한 효과적인 개인 위생관리법을 미리 알아 두고 실천해 보자.

먼저, 하루 1회 미지근한 물로 샤워한다. 그리고 식사 후에는 양치질을 한다. 그다음 외출 후 돌아오면 손과 발을 깨끗이 씻은 뒤 잘 말리고, 통풍이 잘 되는 신발을 두 켤레 이상 번갈아 신거나 여분의 양말을 가지고 다닌다. 마지막으로, 복장도 중요한데 매일 옷과 속옷을 갈아입고, 자주 세탁을 한다.

배경지식

2차 성징

사춘기에 접어든 아이에게 나타나는 외형적 특징을 의미한다. 예를 들어, 여자의 가슴 발달, 남자의 목소리 변화(변성기), 그리고 양쪽 모두에게 나타나는 여드름, 체모(겨드랑이·사타구니 부위 등)의 발달이 대표적이다.

어휘풀이

위생관리: 위생환경을 정비하고 건강을 보살피는 일
전사적으로: 어떤 일을 열심히 하려고 애쓰는
분비: 몸 밖으로 배출함
통풍: 바람이나 공기가 잘 통함
번갈아: 하나씩 하나씩 차례대로 바꾸어서

1. '개인 위생관리'를 전사적으로 하는 계절은 언제인가요? ○ 하세요.

봄	여름	가을	겨울

2. 10대들이 개인 위생에 각별히 신경 써야 할 이유는 무엇인가요? ○ 하세요. (2개)

호르몬 변화가 생기고, 신체 변화에 민감해서	
땀이나 피지 분비가 적어서	
다른 사람의 시선이 신경 쓰이기 시작해서	

3. 10대들은 '개인 위생관리'를 위해 어떻게 해야 하나요? 선으로 연결하세요.

복장	●	●	하루 1회 미지근한 물로 샤워를 한다.
몸	●	●	외출 후 돌아오면 반드시 꼼꼼히 씻은 뒤 잘 말린다.
발	●	●	깨끗한 옷으로 자주 갈아입는다.

표현력 열기

여름철 개인 위생관리 능력이 있는지 해당하는 곳에 ∨표시를 해 보세요.

	하루 1회 샤워를 한다.
	식사 후에는 양치질을 한다.
	손과 발을 깨끗이 씻은 뒤, 잘 말린다.
	통풍이 잘 되는 신발을 두 켤레 이상 번갈아 신는다.
	여분의 양말을 가지고 다닌다.
	매일 옷과 속옷을 갈아입는다.
	자주 세탁을 한다.

1~3개 항목에 체크 — 화나요

4~5개 항목에 체크 — 괜찮아요

6~7개 항목에 체크 — 추천해요

여름철 개인 위생관리를 위한 나의 다짐을 써 보세요.

위와 같은 내용을 약속합니다!

7일차

여가

짧은 글로 만나기

슈링클스 매직! 나만의 키링 만들기

공부한 날
( )월
( )일

어휘력 심기

그림에 가장 어울리는 단어를 골라 선으로 연결하세요.

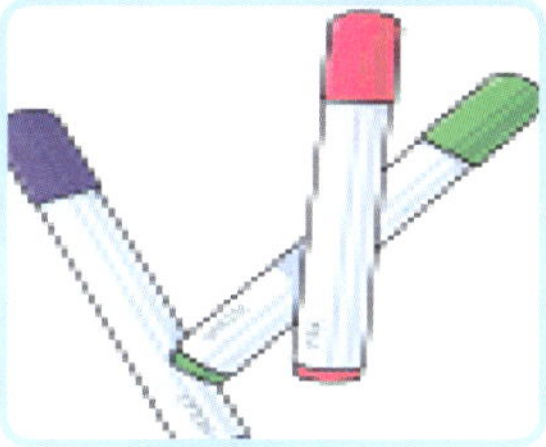

- 슈링클스 종이
- 키링 고리
- 펀치
- 마카
- 오븐

독해력 깨우기

다음 글을 읽고, 질문에 답하세요.

소연이는 오랜만에 문화센터에서 열린 '슈링클스 키링 만들기' 원데이 클래스에 참여했다. 자신이 그린 그림이 눈앞에서 키링으로 변한다는 것이 매우 신기하면서도 즐거웠다.

재료	슈링클스 종이, 마카, 가위, 펀치, 키링 고리, 오븐	
순서	1	슈링클스 종이에 그림을 그린 뒤, 자유롭게 색칠한다.
	2	색칠을 마무리한 그림을 가위로 오린 후, 펀치로 구멍을 뚫는다.
	3	오븐에서 160~180도로 1분~2분 정도 구워 준다.
	4	오븐에서 꺼내 식힌 뒤, 키링 고리를 끼운다.

배경지식

키링(Keyring)
요즘 아이들은 가방에 귀여운 동물 인형부터 자신이 좋아하는 아이돌 굿즈 등을 달고 다니며 자신만의 개성을 표현한다.

어휘풀이

오랜만: 어떤 일이 있고 나서 다시 그 일이 일어나기까지의 시간이 오래 지난 뒤
원데이 클래스: 하루 동안 한시적으로 개설되는 수업

1. 키링을 만들 때 필요한 재료는 무엇인가요? ○ 하세요. (2개)

가위	크레파스	슈링클스 종이	물감

2. 종이에서 키링이 된 순서대로 번호를 쓰세요.

	오븐에서 꺼내 식힌 뒤, 키링 고리를 끼운다.		슈링클스 종이에 그림을 그린 뒤, 자유롭게 색칠한다.
	색칠을 마무리한 그림을 가위로 오린 후, 펀치로 구멍을 뚫는다.		오븐에서 160~180도로 1분~2분 정도 구워 준다.

3. 소연이는 자신이 그린 그림이 키링으로 변했을 때, 어떤 마음이 들었나요?

속상했다.	신기하고 즐거웠다.

표현력 열기

내가 갖고 싶은 키링의 도안을 그려 보세요.

①

②

③

④

짧은 글로 만나기

악성댓글, 이대로 괜찮을까?

공부한 날
(　　　)월 (　　　)일

어휘력 심기

그림에 가장 어울리는 단어를 골라 선으로 연결하세요.

- 댄스
- 외모
- 댓글
- SNS

독해력 깨우기

다음 글을 읽고, 질문에 답하세요.

우리 사회에서 악성댓글에 대한 피해가 점차 커지고 있다. 요즘은 어린 학생들도 고통을 겪고 있다. 이영이는 그동안 SNS에 커버댄스 숏폼 콘텐츠를 올리곤 했다. 그런데 6개월 전, 그중 한 게시물이 알고리즘을 타면서 '대박'을 터뜨렸다. 조회수가 100만 건이 넘었다. 문제는 이후 이영이에게 온갖 악플이 쏟아지기 시작했다는 것이다. 이영이가 만든 콘텐츠는 법적으로, 혹은 도덕적으로 문제가 될 만한 부분이 하나도 없었다. 댄스 실력을 발휘해 유명 아이돌을 흉내 낸 것이 전부였으니까. 하지만 게시물에 달린 댓글 대부분은 악성댓글이었다. 이영이의 얼굴이나 몸매 등 외모를 비하하는 댓글이 많았다. 이영이는 자신의 외모를 비하하는 댓글로 인해 상처를 받았다. 이처럼 사람의 마음에 상처를 주는 악성댓글, 우리 모두 댓글을 쓸 때 한 번씩 상대방의 입장이 되어 생각해 보도록 해야 한다.

배경지식

악성댓글
인터넷 게시판 따위에 올려진 내용에 대해 악의적이고 부정적인 평가를 하여 쓴 댓글을 말한다. 최근에는 연령과 상관없이 악성댓글이 달리면서 정신적 고통을 호소하는 아동·청소년이 계속해서 늘고 있다.

어휘풀이

커버댄스: 특정 케이팝 스타의 춤을 습득하여 그대로 모방해 추는 춤
숏폼: 짧게 편집해 올린 동영상
알고리즘: 사용자가 자주 보고 좋아하는 영상을 찾아 줌
대박: 어떤 일이 크게 이루어짐
조회수: 인터넷 따위에 올려진 게시물을 확인한 횟수
악플: 악성댓글의 줄임말
게시물: 여러 사람에게 알리기 위하여 내붙이거나 걸어서 두루 보게 한 것

1. 이영이의 영상에 달린 것은 무엇인가요? ○ 하세요.

댄스 스킬에 대한 선한댓글	얼굴과 몸매에 대한 악성댓글

2. 이영이 이야기에 대한 설명으로 옳지 않은 것은 무엇인가요? ○ 하세요. (2개)

이영이는 자신의 커버댄스 영상에 달린 악성댓글로 상처를 받았다.	
6개월 전, 이영이의 댄스 영상이 쪽박을 터뜨렸다.	
이영이가 만든 콘텐츠는 법적으로, 혹은 도덕적으로 문제가 있었다.	
이영이는 SNS에 커버댄스 숏폼 콘텐츠를 올리곤 했다.	

3. 게시물에 댓글을 쓸 때, 필요한 것은 무엇인가요? ○ 하세요.

욕설 및 비속어를 사용할 것

내 맘대로 할 것

상대방의 입장에서 생각할 것

표현력 열기

댓글을 달 때 지켜야 할 예절을 천천히 써 내려가 보세요.

상대방의 마음을 배려하며 댓글을 적어야 한다.

따라 쓰기 상대방의 마음을 배려하며 댓글을 적어야 한다.

따라 쓰기

따라 쓰기

상대방을 존중하는 언어를 사용한다.

따라 쓰기 상대방을 존중하는 언어를 사용한다.

따라 쓰기

따라 쓰기

댓글을 쓸 때에는 감정적인 표현보다는 사실적이고 객관적인 의견을 적도록 한다.

따라 쓰기 댓글을 쓸 때에는 감정적인 표현보다는 사실적이고 객관적인 의견을 적도록 한다.

따라 쓰기

따라 쓰기

9일차 가정 주말에는 나도 스파게티 요리사
10일차 학교 시험 준비는 힘들어
11일차 소비 겁먹지 마, 키오스크
12일차 안전 스몸비족의 최후
13일차 시사 누가 먼저 앉지?
14일차 건강 이불 밖도 안전지대
15일차 여가 캠핑 대신 글램핑 떠나요
16일차 디지털 무엇이든 물어보세요

PART 2

생활문해 실전편

'일상생활 잘하는 능력'도 길러야 한다

9일차 가정

긴 글로 만나기

주말에는 나도 스파게티 요리사

공부한 날 (　　)월 (　　)일

어휘력 티우기

[보기]의 밑줄 친 초성을 참고하여 글자판에서 찾아 ○ 하세요.

보기

① "도둑이야!"라고 소리치자 도둑들이 ㅈ ㅎ ㄹ 쳤다.

② ㅇ ㅈ에는 가족들과 자주 외식을 했다.

③ ㅇ ㄷ ㅅ에 냄비를 올려놓았다.

④ 큰 기대 없었는데 ㅁ ㅅ 먹어 보니 제법 괜찮았다.

⑤ ㄴ ㄹ ㅎ ㄱ 잘 구운 삼겹살

⑥ ㅂ ㅇ ㅇ은 끝이 없다.

⑦ 핫도그를 ㅈ ㅈ ㄹ ㅇ ㅈ에 돌려 먹었다.

⑧ 효우는 활발하고 ㅈ ㄱ ㅈ인 성격이다.

인	토	마	토	소	스
덕	전	자	레	인	지
션	줄	행	랑	노	양
적	부	엌	일	릇	파
극	치	막	상	하	예
적	즈	소	금	게	전

독해력 살피기

다음 글을 읽고, 질문에 답하세요.

가인이는 주말 점심시간에는 엄마를 도와 직접 음식 준비를 한다. 주말마다 처음 부엌일을 시작할 땐 재밌어 보이는 일만 골라 하거나 마지막 단계까지 완성하기도 전에 귀찮아 하며 줄행랑을 쳤다. 그래도 매주 빠짐없이 했더니 요리에 관심도 생기고 부엌일도 쉬워져 기뻤다. 오늘 메뉴는 가족들이 좋아하는 토마토 스파게티로 모차렐라 치즈를 듬뿍 올려 만들 예정이다.

엄마를 도와 먼저 스파게티 면, 토마토소스, 양파, 양송이버섯, 냉동새우, 올리브유, 모차렐라 치즈, 파슬리 가루, 굵은 소금 등을 준비한다. 그리고 인덕션 불을 켜 냄비에 물을 넣고 끓인다. 끓는 물에 굵은 소금 한 줌을 넣고 스파게티 면을 10분 정도 삶아 면만 건져 낸다. 그다음 준비한 프라이팬에 올리브유를 살짝 두르고 얇게 자른 양파와 양송이버섯을 가장 약한 불로 노릇하게 볶는다. 그 뒤에는 양파와 양송이버섯이 잘 익으면 새우를 넣어 익혀 준다. 새우가 어느 정도 빨갛게 익으면 토마토소스를 붓고 끓인 뒤 스파게티 면을 넣어 잘 비벼 준다. 마지막으로, 전자레인지 사용이 가능한 용기에 비벼진 면을 담고 그 위에 모차렐라 치즈를 넉넉히 올리고 파슬리 가루를 톡톡 뿌려 준다. 이 상태로 전자레인지에 약 2분~2분 30초 돌려서 치즈를 녹여 주면 완성된다. 다 완성된 스파게티를 가족들 수대로 나눠서 담아 식탁에 둘러앉아 맛있게 잘 먹었다. 예전에는 어른이 되면 저절로 음식을 잘할 거라 생각했는데, 막상 엄마를 도와 보니 내가 할 수 있는 요리가 얼마 안 된다는 걸 깨달았다. 그동안 요리를 잘하는 엄마를 둬서 잘 얻어먹기만 했다. 앞으로는 엄마를 더 적극적으로 돕기로 마음먹었다.

1. 가인이는 언제 엄마를 도와 요리를 했나요? (　　　)

① 주말 점심시간　　② 평일 저녁시간　　③ 주말 아침시간　　④ 평일 점심시간

2. 설명을 잘 보고, 토마토 스파게티 조리순서를 바르게 나열하세요.

① 토마토 스파게티 재료를 준비한다.
② 양파와 양송이버섯이 잘 익으면 새우를 넣어 익혀 준다.
③ 전자레인지 사용이 가능한 용기에 비벼진 면을 담고 그 위에 모차렐라 치즈를 넉넉히 올리고 파슬리 가루를 뿌려 준다.
④ 프라이팬에 올리브유를 살짝 두르고 얇게 자른 양파와 양송이버섯을 가장 약한 불로 노릇하게 볶는다.
⑤ 인덕션 불을 켜 냄비에 물을 넣고 끓인다.
⑥ 새우가 어느 정도 빨갛게 익으면 토마토소스와 스파게티 면을 넣어 잘 비벼 준다.
⑦ 끓는 물에 굵은 소금 한 줌을 넣고 스파게티 면을 10분 정도 삶아 면만 건져 낸다.
⑧ 다 완성된 스파게티 면을 가족들 수대로 나눠서 담아 식탁에 둘러앉아 맛있게 잘 먹는다.

(　　　) → (　　　) → (　　　) → (　　　) → (　　　) → (　　　) → (　　　) → (　　　)

3. 토마토 스파게티 재료로 알맞은 것에는 ○, 필요하지 않은 재료에는 × 하세요.

① 토마토소스 (　　　)

② 설탕 (　　　)

③ 마요네즈 (　　　)

④ 올리브유 (　　　)

⑤ 스파게티 면 (　　　)

표현력 키우기

내가 직접 음식을 만들어 보기로 한다면 어떤 음식을 만들지 생각해 보고, 레시피를 정리해 보세요.

요리 이름:

필요한 재료:

[　　　　　　　　　] 레시피

•

•

•

•

•

10일차 학교

긴 글로 만나기

시험 준비는 힘들어

공부한 날 ( )월 ( )일

어휘력 티우기

암호를 풀어 보세요.

∠	⊥	⌒	∂	▽	≡	≒	§	※	☆	★	○	◍	◎	●	◇	◆	□	■	△
제	금	소	행	간	예	교	의	뢰	유	료	인	킹	기	판	부	이	수	가	출
♤	♥	♣	♩	♪	♫	⚂	♭	♮	♯	☺	☜	▯	▰	◓	☀	☂	☹	…	◈
반	지	정	주	비	배	체	용	사	부	복	불	정	중	독	익	표	입	마	적
‰	↖	∞	×	∵	✎	📖													
위	령	도	항	종	평	필													

번호	암호	답
①	∠△	[ ]: 과제나 의견 따위를 내어놓음
②	♤☹⊥♥	[ ]: 다른 곳에서 운반하여 들어오는 일이나 행동 등을 하지 못하게 막음
③	♫◇	[ ]: 나누어서 줌
④	≒⚂	[ ]: 사람이나 사물을 다른 사람이나 사물로 대신함
⑤	♯♣∂‰	[ ]: 옳지 못한 행위
⑥	∵★↖	[ ]: 어떤 일이 곧 끝난다는 것을 알리는 종
⑦	§※	[ ]: 남에게 부탁함
⑧	☆∞	[ ]: 의도하는 방향으로 이끎
⑨	▽♩	[ ]: 그렇다고 여김
⑩	≡♪↖	[ ]: 어떤 일이 곧 시작된다는 것을 알리는 종
⑪	○◈♮×	[ ]: 특정한 사람에 대한 여러 사항
⑫	…◍	[ ]: 시험지나 답안지 따위의 빈칸을 채우는 일
⑬	▰☺	[ ]: 같거나 비슷한 것이 되풀이되거나 겹침
⑭	●◓	[ ]: 어려운 문장이나 암호, 고문서 따위를 뜻을 헤아리며 읽음
⑮	⌒♥	[ ]: 몸에 지님
⑯	☜◆☀	[ ]: 이롭지 못함
⑰	☂◎	[ ]: 겉으로 표시하여 기록함
⑱	♮♭☜■	[ ]: 이용할 수 없는
⑲	□▯	[ ]: 기존의 잘못된 것을 고쳐서 바로잡음
⑳	♥📖✎■	[ ]: 연필이나 펜으로 종이에 답을 쓰는 형식의 평가
㉑	§♮	[ ]: 무엇을 하고자 하는 생각

독해력 살피기

다음 글을 읽고, 질문에 답하세요.

※ 지필평가 시 주의사항 ※

1. 등교 시 휴대전화(또는 전자기기)는 담임교사에게 제출한다.
   - 시험장 반입금지 물품: 휴대전화, 스마트 기기, 디지털 카메라, 전자사전, 전자식 화면표시기가 있는 시계, 통신기능이 있는 이어폰 등 모든 전자기기
   - 시험 중 휴대전화 소지 시 부정행위로 간주함

2. 준비령이 울리면 교실 자리에 앉아 시험지와 답안지(OMR카드)를 받을 준비를 갖춘다.
   - 준비령이 울리면 시험지를 바로 받을 수 있는 상태가 되어 있어야 함
   - 예비령이 울리면 감독교사가 답안지와 문제지를 배부함(학생은 자리 착석 상태)
   - 문제지를 받은 후 문제지의 인쇄 상태와 면수, 마지막 문항 번호를 반드시 확인하며, 문제지에 이상이 있을 때는 교체를 의뢰함

3. 시험시간 중 문의사항이 있을 때나 답안지 교체 시 조용히 손을 들어 의사를 표시한다.

4. 부정행위는 절대 금지이다.

<부정행위 사례>

① 휴대폰(전자기기) 소지
② 지우개, 손바닥, 책상, 벽 등에 시험 관련 내용을 써 놓는 행위
③ 쪽지나 시험 관련 자료를 보는 행위
④ 신체 언어 사용(손짓, 발짓, 눈짓, 입 모양) 행위
⑤ 시험지 바꿔치기 행위
⑥ 답안지 대신 써 주는 행위
⑦ 답안지 걷을 때 마킹하는 행위
⑧ 긴 머리를 이용하여 눈 속이는 행위
⑨ 책상과 몸 사이를 크게 하거나 엎드려서 책상 속의 자료를 보는 행위
⑩ 발을 이용하여 신호하는 행위
⑪ 불필요한 소리를 내는 행위
⑫ 불필요한 질문으로 성납을 유도하는 행위
⑬ 다른 학생의 답안을 엿보는 행위
⑭ 기타 시험 시 부적절한 행위 등

5. 시험 종료령이 울리면 손을 무릎에 올리고 감독교사가 답안지를 걷을 때까지 유지한다.

※ OMR카드 작성 요령 ※

1. 인적사항에 학년, 반, 번호, 과목코드를 정확히 기입한다.

2학년 1반 1번 수학의 경우						
학년	반		번호		과목코드	
2	0	1	0	1	0	4

→

OMR카드 작성 방법						
학년	반		번호		과목코드	
	⓿	⓪	⓿	⓪	⓿	⓪
①	①	❶	①	❶	①	①
❷	②	②	②	②	②	②
③	③	③	③	③	③	③
	④	④	④	④	④	❹
	⑤	⑤	⑤	⑤	⑤	⑤
	⑥	⑥	⑥	⑥	⑥	⑥
	⑦	⑦	⑦	⑦	⑦	⑦
	⑧	⑧	⑧	⑧	⑧	⑧
	⑨	⑨	⑨	⑨	⑨	⑨

2. 예비마킹을 하지 않고 바로 컴퓨터용 사인펜으로 마킹한다.
   - 필기류의 종류나 색상에 관계없이 예비마킹 등의 흔적이 남아 있는 경우 중복표기 답안 등으로 판독되어 불이익을 받을 수 있음

3. 반드시 컴퓨터용 사인펜으로 표기한다.

4. 표기된 답을 수정하고자 할 때에는 흰색 수정테이프만을 사용하여 정확히 수정해야 한다.
   - 수정액 또는 수정스티커 사용불가

1. 무엇을 전달하는 안내문인가요? (   )

① 수학여행 주의사항　　② 현장체험학습 시 주의사항

③ 동아리 참가자 유의사항　　④ 시험 시 주의사항

2. 시험장 반입금지 물품이 아닌 것은 무엇인가요? (   )

① 휴대전화　　② 전자사전

③ 손목시계　　④ 디지털 카메라

⑤ 스마트 기기

3. 부정행위에 해당하는 것에 모두 ○ 하세요.

① 문제지를 받은 후 문제지의 인쇄 상태와 면수, 마지막 문항 번호를 확인하는 행위 (　　)

② 책상과 몸 사이를 크게 하거나 엎드려서 책상 속의 자료를 보는 행위 (　　)

③ 답안지 걷을 때 마킹하는 행위 (　　)

④ 휴대폰 소지 (　　)

⑤ 시험 중 문의사항이 생겨 손을 드는 행위 (　　)

4. OMR카드에 인적사항을 연필로 마킹해 보세요.

(예시)						
학년	반		번호		과목코드	
1	0	3	2	4	1	2

→

OMR카드 작성 방법						
학년	반		번호		과목코드	
	⓪	⓪	⓪	⓪	⓪	⓪
①	①	①	①	①	①	①
②	②	②	②	②	②	②
③	③	③	③	③	③	③
	④	④	④	④	④	④
	⑤	⑤	⑤	⑤	⑤	⑤
	⑥	⑥	⑥	⑥	⑥	⑥
	⑦	⑦	⑦	⑦	⑦	⑦
	⑧	⑧	⑧	⑧	⑧	⑧
	⑨	⑨	⑨	⑨	⑨	⑨

5. '마킹'을 할 때 반드시 알아야 하는 것이 있다. 무엇일까요?

(　　　　　　　　　　　　　　　　　　　　　　　　　　　　)

6. OMR카드에 표기된 답을 수정하고자 할 때 필요한 준비물을 골라 보세요. (　　)

① 흰색 수정액　　② 흰색 수정스티커

③ 흰색 수정테이프　　④ 지우개

표현력 키우기

내가 시험을 칠 때, 이것만은 '꼭 주의하겠다' 하는 점을 적어 보세요.

11일차
소비

긴 글로 만나기

겁먹지 마, 키오스크

공부한 날
(　　)월
(　　)일

어휘력 티우기

뜻풀이를 보고 [보기]에서 빈칸에 들어갈 알맞은 글자를 써 보세요.

보기

름 패 결 삽 수 트 품 스
서 완 립 인 옵 포

①	□ 스트푸드	주문하면 즉시 완성되어 나오는 식품을 통틀어 이르는 말
②	키오 □ 크	공공장소에 설치된 무인 정보 단말기
③	씨 □ 하다	어떤 대상을 극복하거나 일을 이루기 위하여 온 힘을 쏟거나 끈기 있게 달라붙다
④	단 □	한 가지 물품
⑤	□ 제	주고받아 매매 당사자 간의 거래 관계를 끝맺다
⑥	세 □	관련 있는 물건을 하나로 묶어 놓은 것
⑦	영 □ 증	돈이나 물건 따위를 제대로 받았다는 표시로 쓰는 증서
⑧	□ 입	틈이나 구멍 사이에 다른 물체를 끼워 넣음
⑨	설명 □	사물의 내용이나 이유, 사용법 따위를 밝혀서 말한 글
⑩	□ 료	어떤 일을 완전히 끝마침
⑪	할 □	일정한 값에서 얼마를 뺌
⑫	적 □	모아서 쌓아 둠
⑬	□ 인트	온라인이나 오프라인에서의 구매 활동 따위로 인해 쌓인 점수
⑭	□ 션	선택할 수 있는 것

독해력 살피기

다음 글을 읽고, 질문에 답하세요.

마리는 패스트푸드점에 들어서자마자 주문대 앞의 긴 줄을 본 순간 깜짝 놀라고 말았다. 그래서 머쓱하게 키오스크 앞으로 갔다. 키오스크를 어떻게 사용하는지 몰라 망설이던 마리는 키오스크 앞에 붙여진 설명서를 보면서 한참을 씨름해서야 겨우 주문을 마칠 수 있었다. 마리는 키오스크에서 주문 후 음식 나오기를 기다리면서 주문하기 전에는 겁을 먹었지만 키오스크를 큰 스마트폰이라 생각하면서 주문에 성공하니 너무나 뿌듯하고 기분이 좋았다.

[키오스크 사용 설명서]

1. 주문하기 버튼을 누르고 매장에서 먹을 건지 포장할 건지를 선택하세요.
   : 키오스크마다 첫 화면에 나올 때도 있고 결제하기 전 화면에 나올 때도 있어요.
   처음에 나오지 않았다고 당황하지 마세요.

2. 원하는 메뉴를 선택하세요.
   : 세트인지 단품인지 선택해서 메뉴를 골라 보세요.

3. 단품일 경우 확인을 누르고 결제하기 버튼을 누르세요.
   : 세트일 경우 옵션을 변경해서 선택을 완료하고 결제하기 버튼을 누르면 됩니다.

4. 할인이나 포인트를 적립할 경우에는 할인/포인트 적립을 누르고 결제방법을 선택하세요.
   : 할인/포인트 적립이 필요 없는 경우 바로 결제하기로 넘어가세요.

5. 결제만 할 경우에는 카드결제를 누르고 카드 투입구에 카드를 삽입하면 됩니다.
   : 현금으로 결제하실 거라면, 카운터에 가서 직접 주문하고 계산하는 경우가 대부분입니다.
   결제하기 버튼을 누르고 카드 투입구에 카드를 꽂아 준다.
   (단, 카드 IC칩이 있는 부분을 투입구에 넣는다)

6. 결제가 완료되었으면 영수증과 주문번호를 확인한 후 카운터로 주문한 제품을 가지러 가면 됩니다.

1. 마리는 패스트푸드점에서 무엇을 사용하였나요? (　　　)

① 스마트폰　　② 카운터　　③ 키오스크　　④ 어플리케이션　　⑤ 안내데스크

2. 키오스크를 사용하는 방법을 설명하는 내용이다. 사용하는 순서를 생각하고 차례에 맞게 기호를 쓰세요.

㉮ 결제가 완료되면 영수증과 주문번호를 확인한 후 카운터로 주문한 제품을 가지러 가면 된다.
㉯ 단품일 경우 확인을 누르고, 세트일 경우 옵션을 변경해서 선택을 완료하고 결제하기 버튼을 누른다.
㉰ 원하는 메뉴를 선택한다.
㉱ 할인이나 포인트를 적립할 경우에는 할인/포인트 적립을 누르고 결제방법을 선택한다.
㉲ 주문하기 버튼을 누르고 매장에서 먹을 건지 포장할 건지를 선택한다.
㉳ 결제만 할 경우에는 카드결제를 누르고 카드 투입구에 카드를 삽입하면 된다.

(　　　) → (　　　) → (　　　) → (　　　) → (　　　) → (　　　)

3. 다음 <보기>에서 이해한 내용으로 알맞지 않은 것은 무엇인가요? (　　　)

보기

대 기 번 호

1905

"제품받는 곳" 모니터에 주문번호가 표시되면 영수증을 제시하시고 제품을 받아 가세요.

[매 장 식 사]

제품명	수량	금액
치즈버거세트	1	7,600
↳ 프렌치프라이	1	0
↳ 제로콜라	1	0
합계:		7,600
받을 금액:		7,600
받은 금액:		7,600
결제수단별 결제내역		
카드결제:		7,600

① 마리가 주문한 것은 치즈버거세트다.
② 마리는 햄버거세트를 포장주문했다.
③ "제품받는 곳" 모니터에 1905번이 표시되면 주문제품을 받으러 간다.
④ 주문금액 7,600원을 카드로 결제하였다.

4. 아래의 상황에서 마리의 마음변화로 알맞은 것을 찾아 선으로 이으세요.

키오스크 사용 전	●	●	만족스럽다
키오스크 사용 후	●	●	당황스러웠다

표현력 키우기

키오스크를 사용한 경험을 떠올려 보고 적어 보세요.

12일차 안전

긴 글로 만나기

스몸비족의 최후

공부한 날
(　　　)월
(　　　)일

어휘력 티우기

가로-세로 단어 퀴즈를 풀어 보세요.

가로

① 걸어서 길거리를 왕래하는 사람
② 주의나 경계를 하도록 소리를 울리는 소리
③ 정도가 매우 심한
④ 실같이 가늘게 그은 금

세로

㉮ 겨울철에 기온이 갑자기 내려가는 현상
㉯ 재앙의 근원
㉰ 의사가 환자의 병 상태를 판단하는 일
㉱ 어떤 일이나 사태에 나름대로의 태도나 행동을 취함

① ㅂ	ㅎ	ㅈ	④ ㅅ	ㄱ	
					㉰ ㅈ
② ㄱ	ㅈ			㉮ ㅎ	ㄷ
				ㅍ	
㉱ ㄷ	③ ㅁ	ㅅ	ㅇ	㉯ ㅎ	
ㅇ				ㄱ	

TIP 다음 페이지의 지문에 나오는 단어들을 살펴보면, 단어 퀴즈를 푸는 데 도움이 됩니다.

독해력 살피기

다음 글을 읽고, 질문에 답하세요.

여러분, '스몸비족'을 아시나요? '스몸비족(smombie)'이란 스마트폰(smart phone)과 좀비(zombie)의 합성어로, 길거리에서 스마트폰을 보며 주변을 살피지 않고 걷는 사람이다. 최근 주변에서 '스몸비족'과 관련된 사고가 끊이지 않고 계속 발생하고 있어 주의가 요구된다.

얼마 전 민지는 길을 걷다가 횡단보도에 다다라 보행자 신호를 기다렸다. 빨간불에서 파란불로 바뀔 때까지 잠깐만 들여다볼 생각으로 스마트폰을 꺼냈다. 정신없이 스마트폰을 들여다보는 사이 민지는 옆에 서 있던 사람이 걸음을 떼는 듯한 인기척을 느끼고 한 발짝 걸음을 뗐다. 걸음을 떼자마자 요란한 경적소리가 울렸고, 깜짝 놀란 민지는 그제야 스마트폰 대신 주위를 살펴봤다. 민지뿐만이 아니다. 수현이도 유튜브를 보며 길을 걷다 빙판에 미끄러져 넘어졌다. 매서운 한파에 길 곳곳이 얼었다는 사실도 잊고 핸드폰 화면만 보며 걸음을 옮긴 것이 화근이었다. 한 손에는 스마트폰을 쥐고 한 손은 주머니에 넣고 걷다 보니 넘어지면서 균형을 잡기도 어려웠다. 크게 엉덩방아를 찧은 뒤 한참 동안 엉덩이 부분이 얼얼하고 아파 병원을 찾았더니 꼬리뼈에 실금이 갔다는 진단을 받았다. 그리고 에스컬레이터를 타고 올라가던 미연이는 스마트폰에 집중하다 끝에 다다를 무렵 발을 제대로 떼지 못해 크게 넘어졌다. 이렇듯 '스몸비족'이 증가하면서 사고가 잇따르고 있어 이에 대한 적극적 대응이 필요한 시점이다.

1. 빈칸에 들어갈 알맞은 말을 써 보세요.

스마트폰과 좀비의 합성어로, 길거리에서 스마트폰을 보며 주변을 살피지 않고 걷는 사람을 ☐☐ ☐☐ 이라고 합니다.

2. 다음 사례에 해당하는 사람은 누구인지 알아보고 선으로 이어 보세요.

스마트폰에 집중하면서 에스컬레이터 타고 올라가다가 넘어지는 모습	● ●	수현
빙판길 위에서 유튜브 보고 가다가 엉덩방아 찧는 모습	● ●	미연
횡단보도에서 핸드폰 하다가 신호등 불이 바뀌지도 않았는데 옆 사람 따라 건너다가 차에 치일 뻔한 모습	● ●	민지

3. '스몸비족'에 대한 적극적인 대응이 필요한 까닭으로 알맞은 것을 두 개 고르세요. (,   )

① '스몸비족' 비율이 늘어나서
② '스몸비족'이 줄어들어서
③ 목디스크에 걸릴 수도 있어서
④ 안전사고가 생겨서

4. 다음 사진을 보고 할 일로 알맞은 것에 ○ 하세요.

① 길을 걸을 때 핸드폰 사용을 자제한다. (   )

② 길을 걸을 때 핸드폰 사용을 권장한다. (   )

표현력 키우기

'스몸비족'이 된 경험을 떠올려 적어 보세요.

상황

그때 든 생각

해결방법

13일차 시사

긴 글로 만나기

누가 먼저 앉지?

공부한 날
(　　　)월
(　　　)일

어휘력 티우기

[보기]의 밑줄 친 초성을 참고하여 글자판에서 찾아 ○ 하세요.

보기

① 야생동물이 ㄹ ㄷ ㅋ 당했다.
② ㅌ ㅇ ㅁ를 새벽 5시에 맞추어 놓다.
③ ㅎ ㅍ가 전국을 덮쳤다.
④ 사람의 ㅍ ㄱ 체온은 36.5도이다.
⑤ ㅇ ㄹ로 늘어선 학생들.
⑥ ㅈ ㄷ으로 문이 열렸다.
⑦ 한국의 승리로 경기가 ㅈ ㄹ 됐다.
⑧ 사람들이 ㅇ ㅂ ㅎ ㄷ.
⑨ 실내보다 ㅅ ㅇ가 더 덥다.
⑩ 자전거 ㅈ ㅎ
⑪ 핸드폰 화면을 ㅎ ㄷ 해 보았다.
⑫ ㄴ ㄹ ㄲ들의 반응을 살폈다.

일	렬	확	대	주	타
누	도	추	위	행	이
리	로	로	드	킬	머
꾼	야	박	하	다	종
한	실	고	양	이	료
파	외	자	동	평	균

독해력 살피기

다음 글을 읽고, 질문에 답하세요.

최근 한 사회관계망서비스(SNS)에서 '버스정류장 온열의자 근황'이라는 제목의 영상이 올라왔다. 영상 속에는 추위를 피해 몸을 녹이려 온열의자에 일렬로 앉아 있는 길고양이들의 모습이 담겼다. 온열의자는 실외 온도 18도 이하가 되면 자동으로 작동되고 타이머 기능이 있어 버스운행이 종료되는 시간에 중지되는 자동 온도 조절 장치이다. 시민들이 겨울철 한파에도 따뜻하고 안전하게 버스를 기다릴 수 있도록 몇 년 전부터 전국 정류장 곳곳에 설치를 확대하고 있다.

해당 영상을 본 누리꾼들은 찬성과 반대로 갈렸다. 일부 누리꾼들은 위생 등을 이유로 고양이들의 온열의자 이용에 불쾌함을 드러냈다. 이들은 "저기에 소변이라도 보면 어쩌려고." "나는 고양이 알레르기가 있다. 나 같은 사람은 어떡하라고 저런 걸 그냥 두자는 거냐." "저걸 찬성하다니. 고양이빠들 때문에 고양이가 더 싫어지네." "불쌍하면 너희 집 가서 키워. 저기는 시민들 공간이라고." "털 진짜. 보기만 해도 더럽고 싫어." "길고양이가 얼마나 더러운데." 등의 반응을 쏟아냈다.

반면 큰 문제가 없다는 반응의 누리꾼들은 "세상 야박하다. 얼마나 추우면 저기 있겠어." "술 취해서 토하고 별짓 다 하는 인간들도 많은데. 그냥 고양이가 싫은 거라고 말해." "가까이 가면 알아서 도망간다. 걱정 마라." "고양이도 좀 살자." "지구는 다 인간 것이냐." "나 이거 때문에 세금 내는 거니까 그만해라." "인간들이 미안해." 등의 반응을 보였다.

한편 고양이들은 평균 체온이 약 38~39도로, 사람보다 추위를 더 쉽게 느낀다. 날씨가 추워지면 길고양이들은 바람과 추위를 피할 곳을 찾아다닌다. 특히 겨울철에는 자동차 엔진룸에 들어가는 고양이들을 쉽게 볼 수 있다. 이들은 차량이 출발할 때까지 미처 빠져나오지 못해 주행 중 도로에 떨어지기도 한다. 또 차도 한복판에 나온 길고양이가 로드킬을 당하는 일도 매년 빈번하게 발생하고 있다.

1. 글에서 '실외 온도 18도 이하가 되면 자동으로 작동되고 타이머 기능이 있어 버스운행이 종료되는 시간에 중지되는 자동 온도 조절 장치'를 의미하는 단어를 찾아 ○ 하세요.

2. 괄호 안에 알맞은 말을 넣어 보세요.

온열의자에 길고양이들이 앉아 있는 모습을 본 누리꾼들은 (   )과 (   )로 갈렸다.

3. '고양이들의 온열의자 이용'에 관한 찬성과 반대의 내용이다. 알맞은 문장이 되도록 선으로 이어 보세요.

길고양이들은 위생상 더럽기 때문에 ●		
	●	찬성한다
고양이들이 추위에 취약해서 ●		
	●	반대한다
버스정류장은 시민 이동 공간이라서 ●		

4. 읽은 글의 내용으로 맞으면 ○, 틀리면 × 해 보세요.

① 전국적으로 온열의자의 설치를 확대하고 있다. (　　　　)

② 길고양이가 자동차에 치이는 일이 매년 줄어들고 있다. (　　　　)

③ 고양이들은 평균 체온이 사람보다 높아서 추위를 더 쉽게 느낀다. (　　　　)

표현력 키우기

'고양이들의 온열의자 이용'에 대해 어떤 의견을 낼지 알맞은 말에 ○표 하고, 그 이유를 써 보세요.

나는 고양이들이 '온열의자'를 사용하는 데 (**찬성** / **반대**)한다.
왜냐하면…….

14일차 건강

긴 글로 만나기

이불 밖도 안전지대

공부한 날
(   )월 (   )일

어휘력 티우기

암호를 풀어 보세요.

∠	⊥	⌒	∂	▽	≡	≒	§	※	☆	★	○	◍	◎	●	◇	◆
집	이	원	콕	망	활	생	량	력	감	신	자	체	목	폐	돌	표

①	∠◇⊥	[ ]: 밖에 나가는 것보다 집에 있는 것을 더 좋아하는 남자를 이르는 말
②	⌒▽	[ ]: 못마땅하게 여겨 탓하거나 불평을 품고 미워함
③	∠∂≒≡	[ ]: 외출하지 않고 집에만 처박혀 있는 생활
④	●≡§	[ ]: 최대한 숨을 들이마신 뒤에 최대로 숨을 내쉴 때 폐를 출입하는 공기의 총량
⑤	◍※	[ ]: 사람의 몸이 육체적인 활동을 할 수 있는 힘
⑥	◎◆	[ ]: 활동을 통하여 이루거나 도달하려는 실제적 대상으로 삼음
⑦	○★☆	[ ]: 어떤 일을 스스로의 노력으로 충분히 감당할 수 있다고 믿는 마음

독해력 살피기

다음 글을 읽고, 질문에 답하세요.

홍석이는 유난히 추위를 많이 느끼는 탓에 겨울만 되면 흔히 말하는 '집돌이'가 된다. 게다가 집콕생활만 하면서 집 근처 붕어빵 트럭에서 갓 구운 붕어빵을 일주일에 4~5번씩 간식으로 먹기 시작했다. 한 번에 붕어빵 3~4개씩을 먹다 보니 한 달 사이에 체중이 4kg 가까이 늘어났다. 늘어난 체중에 고민하던 홍석이는 마침 여자 연예인들이 나와서 철인 3종 경기에 도전하는 예능프로그램을 보면서 진짜 운동을 해야겠다고 생각했다. 그래서 편안한 운동화와 운동복을 꺼내 초보 러너가 되었다. 초보자인 홍석이는 처음부터 멀리, 빨리 달린다는 생각을 버렸다. 걷기부터 시작해 체력과 폐활량부터 늘리는 것을 목표로 삼았다. 아파트단지를 첫날은 한 바퀴, 사흘 뒤에는 한 바퀴 반…… 이런 식으로 조금씩 거리를 늘려 갔다. 힘들 때는 달린 후 걸으면서 운동 강도를 서서히 높여 갔다. 처음과 비교해 속도가 빨라지고 달리는 거리가 느니 운동하는 재미가 쏠쏠했다. 러닝앱을 사용해 기록을 남기는 일도 재미있었다. 그렇게 하다 보니, 어느새 달릴 수 있는 사람이 되어 있었다. 만약에 춥다고 집에만 있었다면 곰처럼 변해 버린 내 모습에 원망만 쏟아 냈을 텐데 러닝을 통해 다이어트도 겨울철 건강도 챙기고 '할 수 있다'라는 자신감을 얻은 소중한 경험이었다.

1. 홍석이가 달리기를 시작하면서 목표로 삼은 것에 모두 ○ 하세요.

체력	체중감량	근육 증가	폐활량

2. 다음 달력을 보고 ( ) 안에 알맞은 날짜를 숫자로 써 넣으세요.

사흘: 세 번째 되는 날, 삼 일

일주일: 한 주일, 칠 일

7월						
일	월	화	수	목	금	토
		1	2	3	4	5
6	7	8	9	10	11	12
13	14	15	16	17	18	19
20	21	22	23	24	25	26
27	28	29	30	31		

오늘 7월 4일

사흘 뒤 ( )월 ( )일

일주일 뒤 ( )월 ( )일

3. 밑줄 친 '재미가 쏠쏠했다'와 바꾸어 쓸 수 있는 단어는 무엇인가요? (　　　)

① 힘들었다　　② 따분했다
③ 무료했다　　④ 시시했다
⑤ 즐거웠다

4. 다음 상황에서 홍석이가 느낀 마음으로 알맞은 것을 찾아 선으로 이으세요.

달리기 시작 전 ●		● 불평하다
달리기 시작 후 ●		● 생기발랄하다

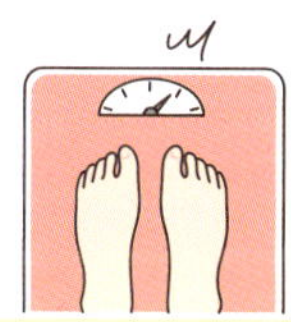

표현력 키우기

나만의 '체중관리법'은 무엇인지 적어 보세요.

15일차 여가

긴 글로 만나기

캠핑 대신 글램핑 떠나요

공부한 날
(　　)월
(　　)일

어휘력 티우기

뜻풀이를 보고 [보기]에서 빈칸에 들어갈 알맞은 글자를 써 보세요.

보기

면　득　늑　편　고　나　멍

①	설 □	상대편이 이쪽 편의 이야기를 따르도록 여러 가지로 깨우쳐 말함
②	□ 려	생각하고 헤아려 봄
③	세 □ 도구	얼굴을 씻거나 머리를 감거나 면도 따위를 하는 데에 쓰는 여러 가지 물건
④	아 □	따뜻하고 포근한 느낌이 있음
⑤	□ 의	형편이나 조건 따위가 편하고 좋음
⑥	불 □	장작불을 보며 멍하게 있는 것을 의미하는 신조어
⑦	한 □ 절	하룻낮의 반(6시간)

독해력 살피기

다음 글을 읽고, 질문에 답하세요.

지효는 가족과 함께 보내는 시간을 좋아한다. 그래서 숲이나 호수로 자주 나들이를 갔다. 가족여행도 꾸준히 다녔지만 캠핑만 하지 않았다는 사실을 뒤늦게 알고 캠핑 좀 가자고 노래를 불렀다. 그래도 부모님은 여러 가지 이유로 시큰둥한 반응을 보이셨다. 그러던 어느 날, 부모님 지인의 캠핑에 초대받아 한나절 놀고 왔다. 캠핑장은 아늑했다. 감성적인 전등에서 은은한 빛이 흘러나오고, 블루투스 스피커로 잔잔한 노래도 들으니 마음이 편안했다. 바람도 선선하게 불었다. 참숯에 고기를 구워 먹으며 즐거운 한때를 보냈다.

그날 이후, 캠핑을 하고자 하는 마음은 더욱 커져 갔다. 인터넷으로 이것저것 알아보다가 우연히 글램핑장을 찾았다. 글램핑은 '글래머러스 캠핑'의 줄임말로 고급스러운 야영이라는 사전적 의미를 갖고 있다. 간단히 말해 사용자의 편의를 고려해 각종 장비를 갖춰 놓은 곳에서 간편하게 즐기는 캠핑쯤으로 생각하면 될 거 같다. 이 정도면 부모님 설득이 되겠다 싶었다. 부모님과 함께 인터넷으로 글램핑장을 몇 군데 알아보았다. 확실히 캠핑에 비해 짐이 적어 해 볼 만하다는 생각이 더 크게 들었다. 부모님께서도 흔쾌히 허락해 주셔서 지효는 글램핑을 떠날 준비에 본격 돌입했다. 기본 장비가 준비되어 있다고는 하나 챙겨 갈 것들이 제법 있었다. 부모님과 함께 물, 음식, 취침용 방한 의류, 세면도구, 패딩점퍼 등을 챙겨 글램핑장으로 떠날 준비를 마쳤다.

드디어 글램핑장으로 출발이다. 막상 도착하니 생각했던 것보다 더 좋았다. 처음으로 해 본 불멍은 지효의 마음을 사로잡기 충분했다. 타닥타닥 불꽃 소리를 들으며 나누는 부모님과의 대화도 즐거웠고 장작불에 구워 먹은 마시멜로와 달콤한 핫초코의 맛은 잊을 수 없을 거 같았다.

1. 글램핑이란 무엇인가요?

( )

2. 지효가 부모님을 설득할 수 있었던 이유는 무엇인가요? ( )

① 챙길 게 너무 많아서

② 글램핑을 원래 좋아하셔서

③ 준비할 게 적어서

④ 캠핑을 싫어하셔서

3. 아래 그림 중 지효가 글램핑을 떠날 때 챙긴 것들을 찾아 모두 ○ 하세요.

① 
생수

② 
수영복

③ 
텐트

④ 
패딩점퍼

⑤ 
세면도구

4. [보기]에서 '캠핑'과 '글램핑'의 같은 점과 다른 점을 찾아 빈칸에 써 보세요.

보기

① 숙소와 편의시설이 준비되어 있어 번거롭지 않다.
② 자연 속에서의 시간을 만끽할 수 있다.
③ 텐트와 필요한 장비들을 직접 준비하고 설치해야 한다.

	캠핑	글램핑
같은 점	–	
다른 점	–	–

표현력 키우기

'캠핑'과 '글램핑' 중에서 내 선택은 무엇인지 생각해 적어 보세요.

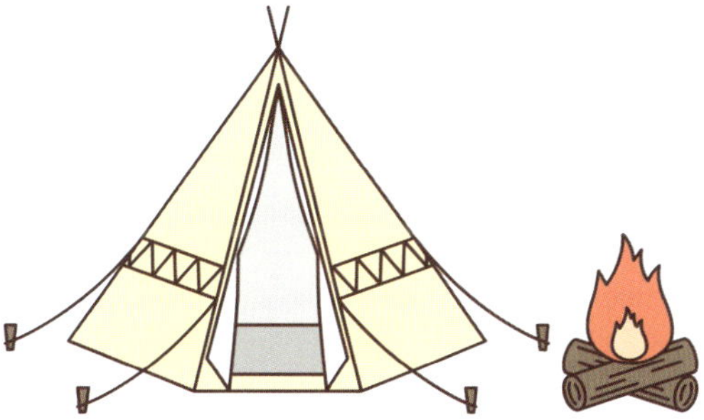

16일차 디지털

긴 글로 만나기

무엇이든 물어보세요

공부한 날
(　　　)월
(　　　)일

어휘력 티우기

가로-세로 단어 퀴즈를 풀어 보세요.

가로

① Open AI라는 회사에서 만든 대화형 인공지능
② 도와주거나 보살펴 주려는 마음
③ 정신적인 힘, 기운 등이 빠지다

세로

㉮ 사용자가 인공지능(AI) 모델에 입력하는 지시문 또는 질문
㉯ 남의 감정, 의견, 주장에 대하여 자기도 그렇다고 느낌
㉰ 컴퓨터에서 문자나 숫자 등으로 된 정보나 데이터를 주기억 장치 속에 기억을 시킴

① ㅊ	ㅈ	ㅍ	ㅌ		
					㉰ ㅇ
② ㅂ	ㄹ	ㅅ		㉮ ㅍ	ㄹ
㉯ ㄱ				ㄹ	
ㄱ	③ ㅂ	ㅈ		ㅍ	
				ㅌ	

TIP 다음 페이지의 지문에 나오는 단어들을 살펴보면, 단어 퀴즈를 푸는 데 도움이 됩니다.

독해력 살피기

다음 글을 읽고, 질문에 답하세요.

요즘 유진이는 따분하거나 심심할 때, 마음이 힘들거나 속상한 일이 생길 때, 공부하기 싫을 때면 친구나 부모님, 선생님보다 챗GPT에게 말을 걸어 속마음을 털어놓는다. 유진이에게는 챗GPT(Generative Pre-trained Transformer)가 일종의 '디지털 상담사'인 셈이다. 유진이는 챗GPT에게 램프의 요정인 '지니(Genie)'라는 이름을 지어 주고 "차근차근 생각한 다음, 착하고 귀여운 말투로 답변해 달라."라는 명령어(프롬프트)를 입력해 친구처럼 지낸다.

오늘도 하교 후 노트북을 열어 챗GPT를 켰다. 먼저 "지니~"라고 부르며 친근하게 다가갔다. 이어 "요즘 좀 우울하고 모든 게 귀찮아. 시험을 망친 탓인가?"라며 챗GPT에 고민을 입력하자 챗GPT는 "유진아, 시험 탓만은 아닐 거야. 공부하다 보면 누구나 그런 슬럼프를 겪어. 지금까지 너무 열심히 공부해서 잠시 방전된 것일 수 있으니 천천히 괜찮아질 거야. 내가 옆에서 힘이 되어 줄게."라고 배려심 있게 잘 말해 줬다. AI가 건네는 위로와 조언에 마음이 싹 녹는 것 같았다. 그리고는 기분이 좋아지는 노래를 물어봤더니 몇 개의 곡을 친절하게 설명까지 붙여 추천해 줬다. 유진이는 챗GPT가 진짜 사람처럼 친근하게 대해 주고 공감도 잘해 주고 그럴듯한 해결책도 준다는 걸 새삼 다시 한번 느꼈다.

1. 유진이는 언제 챗GPT를 사용하나요?

① ______________________

② ______________________

③ ______________________

2. 빈칸에 들어갈 알맞은 단어를 써 보세요.

유진이에게는 챗GPT가 ☐☐☐☐☐☐ 역할을 한다.

3. 유진이가 챗GPT에 입력한 명령어는 무엇인가요?

(   )

4. 밑줄 친 '마음이 싹 녹는 것 같았다'는 무슨 뜻일지 짐작해 보고, 알맞은 것에 ○ 하세요.

마음이 여리다	마음이 풀어졌다	마음이 아프다

표현력 키우기

챗GPT 상담사에 찬성하거나 반대하는 의견을 써 보세요.

나는 챗GPT를 내 상담사로 사용하는 데 찬성 한다.
그 이유는

원하는 상담 내용을 기입해 주세요.
(   )

VS

나는 챗GPT를 내 상담사로 사용하는 데 반대 한다.
그 이유는

17일차 가정 회의는 계속될 거야
18일차 학교 사랑의 도시락 배달
19일차 소비 도전, 무인 셀프 계산
20일차 안전 학교에선 절대 신으면 안 돼
21일차 시사 '한강'의 기적
22일차 건강 아프고 아파서
23일차 여가 미술관 나들이
24일차 디지털 AI교과서의 시대

PART 3

생활문해 실전편

'일상생활'에도 '문해력 연습'은 필요하다

17일차 가정

긴 글로 만나기

회의는 계속될 거야

공부한 날 ( )월 ( )일

어휘력 틔우기

[보기]의 밑줄 친 초성을 참고하여 글자판에서 찾아 ○ 하세요.

보기

① ㅂ ㄹ ㄱ을 데리고 산책을 나섰다.
② 포부가 ㄱ ㅊ ㅎ ㄷ.
③ 여러 가지 ㅇ ㄱ이 나왔다.
④ 성희는 연극에서 주인공 ㅇ ㅎ을 맡았다.
⑤ 학급ㅎ ㅇ에 참석했다.
⑥ ㅇ ㅈ로 삼다.
⑦ 부모님과 ㅇ ㄴ하여 결정할 예정이다.
⑧ 일을 잘하기 위해 할 일을 ㅂ ㄷ했다.
⑨ ㄱ ㄹ을 내리다.
⑩ 시험에 ㅈ ㅇ이 합격했다.
⑪ 찬반 ㅌ ㅍ.
⑫ ㅂ ㅈ ㅈ인 반응
⑬ ㅎ ㅇ에 이르다.
⑭ 도착 ㅇ ㅈ 시각
⑮ 나는 그 일이 ㅇ ㄷ가 나지 않는다.
⑯ 그 건물의 높이가 ㄱ ㄴ이 안 된다.

반	려	견	의	논	의
거	합	의	예	정	제
창	가	엄	두	투	분
하	늗	전	원	표	담
다	회	의	결	론	역
의	견	부	정	적	할

독해력 살피기

다음 글을 읽고, 질문에 답하세요.

지난 주말 세나는 부모님, 언니와 '가족회의'를 했다. 얼마 전, 친구네 집에 놀러 갔다가 작고 귀여운 아기 강아지를 보고 엄마한테 강아지를 키우자고 얘기했다. 하지만 엄마가 계속 안 된다고 부정적으로 얘기하셔서 가족회의에서 함께 의논해 결정하기로 했기 때문이다. 세나는 '첫 가족회의'라고 거창하게 이름 붙인 탓인지, 아니면 반려견에 대한 마음 때문인지, 강아지를 키워야 한다는 의견을 좀 더 정리해서 설득력 있게 이야기하려다 보니 솔직히 조금 떨리고 긴장됐다.

결국 1시간 30여 분의 회의 끝에 강아지를 키우는 쪽으로 결론이 났다.

이렇게 우리 가족의 첫 가족회의는 강아지를 키우자는 내용에 합의하면서 무사히 잘 끝났고, 앞으로 어떤 품종으로 키울 것인지, 무엇을 준비해야 하는지, 가족 내 역할분담은 어떻게 해야 할지 등의 의제들이 여전히 남아 있어 다시 회의를 가질 예정이다.

회의록

<table>
<tr><td rowspan="2">일시</td><td rowspan="2">20○○년 ○월 ○○일 (일요일) 19:00~</td><td>장소</td><td>진행자</td><td>참석자</td><td>기록자</td></tr>
<tr><td>거실</td><td>아빠</td><td>가족 전원</td><td>언니</td></tr>
<tr><td>회의 주제</td><td colspan="5">강아지 맞이하기</td></tr>
<tr><td>회의 내용</td><td colspan="5">[찬성] 세나: 강아지를 키우고 싶은 이유를 PPT로 만들어 가족들 앞에서 발표함
↳ 강아지는 무척 귀엽고 사랑스러움
강아지가 함께 살면 생명의 소중함도 알 수 있고, 가족 모두 행복해질 것 같음

[반대] 엄마: 강아지를 키우고 싶지 않은 이유를 가족들 앞에서 설명하심
↳ 우리 가족은 집을 비우는 시간이 많아서 강아지가 몹시 외로울 수 있음
강아지가 아플 때 드는 비용이 가늠되지 않아 키울 엄두가 나지 않음</td></tr>
<tr><td>회의 결과</td><td colspan="5">강아지 키우기 찬반 투표를 실시
↳ 찬성 3표(세나, 아빠, 언니) VS 반대 1표(엄마)로 강아지를 키우기로 결정</td></tr>
<tr><td>다음 안건</td><td colspan="5">강아지 품종 선택, 강아지를 키울 때 필요한 물건들, 가족 내 역할분담 등등</td></tr>
</table>

1. 세나네 가족이 가족회의를 한 까닭이 무엇인지 써 보세요.

(　　　　　　　　　　　　　　　　　　　　　　　　　　　　)

2. 세나가 첫 가족회의를 준비하면서 느낀 기분인 '떨리다' '긴장되다'와 반대되는 말은 무엇인가요? (　　　)

① 풀어지다　　② 경직되다　　③ 후들거리다　　④ 덜덜거리다

3. 세나와 엄마가 자신들의 의견에 대한 까닭으로 든 것을 두 개씩 찾아 선으로 이으세요.

세나 ●	● 강아지는 무척 귀엽고 사랑스럽다.
	● 집을 비우는 시간이 많아 강아지가 외로울 것이다.
	● 강아지와 함께 살면 생명의 소중함을 깨닫고, 행복할 것이다.
엄마 ●	● 강아지가 아프면 돈이 얼마나 들지 감이 안 와서, 키울 엄두가 나지 않음

4. 가족회의를 통해 결정된 내용을 찾아 적어 보세요.

(　　　　　　　　　　　　　　　　　　　　　　　　　　　　)

5. 다음 가족회의에서 일어날 일로 알맞지 않은 것은 무엇인가요? (　　　)

① 강아지 품종 선택에 관해 의논한다.

② 강아지를 키울 때 필요한 물건들에 대해 이야기를 주고받는다.

③ 강아지를 기를 때 가족 내 역할분담에 대해 얘기한다.

④ 강아지를 맞이하는 것을 다시 한번 가족투표로 결정한다.

표현력 키우기

가족회의를 한 경험이 있으면 적어 보세요. 만약 없다면 어떤 주제로 가족회의를 하고 싶은지 써 보세요.

18일차 학교

긴 글로 만나기

사랑의 도시락 배달

공부한 날 ( )월 ( )일

어휘력 틔우기

암호를 풀어 보세요.

∠	⊥	⌒	∂	▽	≡	≒	§	※	☆	★	○	◍	◎	◈	●	¿
독	사	노	활	봉	동	봉	거	인	방	식	후	배	송	기	문	원

①	▽⊥∂≡	[ ]: 국가나 사회 또는 남을 위하여 자신을 돌보지 아니하고 힘을 바쳐 애쓰는 모든 활동
②	∠§⌒※	[ ]: 가족 없이 혼자 살아가는 노인
③	≡≒	[ ]: 두 가지 이상을 같은 곳에 넣거나 싸서 봉함
④	○★	[ ]: 식사를 한 뒤에 먹는 간단한 음식
⑤	☆●	[ ]: 사람을 찾아가 만남
⑥	◍◎	[ ]: 배달과 발송을 아울러 이르는 말
⑦	◈¿	[ ]: 바라는 일이 이루어지기를 빎

독해력 살피기

다음 글을 읽고, 질문에 답하세요.

봉사활동 보고서

<table>
<tr><td colspan="4"></td><td>작성자</td><td>박정민</td></tr>
<tr><td>날짜</td><td>25년 3월 1일
(토)</td><td>활동 장소</td><td>연수노인복지관</td><td>활동 시간</td><td>오전 9시부터
12시까지</td></tr>
<tr><td>활동 내용</td><td>도시락 담기 및
전달</td><td colspan="4">–사회복지사의 설명을 듣고 도시락 담기
: 쌀밥과 반찬(제육볶음, 어묵조림, 무생채, 달걀찜, 된장국), 생수, 후식(견과류)
⇓
제육볶음 180g / 어묵조림 20g / 무생채 20g / 달걀찜 20g / 쌀밥 200g / 된장국 40g / 생수 330ml / 견과류 20g
–손편지 적기
: “맛있고 든든한 한 끼를 즐기시고 따뜻하고 행복한 하루를 보내시길 기원합니다.”
–손편지를 동봉한 도시락 200개 준비
–복지관 차량(자전거 등)을 이용해 방문 배송을 시작
–독거노인에게 안부 인사와 함께 도시락 전달</td></tr>
<tr><td rowspan="2">활동 사진</td><td>활동 시작 전</td><td colspan="2">활동 중</td><td colspan="2">활동 종료 후</td></tr>
<tr><td></td><td colspan="2"></td><td colspan="2"></td></tr>
<tr><td>활동 소감</td><td colspan="5">봉사활동 자체가 처음이라 힘들었지만 도시락을 받은 한 할머니께서 “학생, 기특하네, 고마워~”라고 하셔서 힘든 마음이 싹 사라졌다. 할머니께 전해 드린 도시락이 조금이나마 힘이 되었으면 하는 마음이 들었다.</td></tr>
</table>

1. 읽은 글의 내용으로 맞으면 ○, 틀리면 × 해 보세요.

① 정민이는 평일에 도시락 나눔 봉사활동을 하였다. (　　)

② 독거노인들을 위해 200인분의 도시락을 준비하였다. (　　)

③ 손편지가 동봉된 도시락을 도보로 배송하였다. (　　)

2. 봉사활동을 가서 한 일이다. 알맞은 그림과 글을 선으로 이어 보세요.

● ● 도시락 포장

● ● 도시락 배달

● ● 손편지 쓰기

3. 정민이가 직접 쓴 손편지의 내용은 무엇인가요?

(　　　　　　　　　　　　　　　　　　　　　　　　　　　　)

4. 도시락 배달 봉사활동을 끝낸 정민이의 생각은 무엇인가요? (　　)

① 실망함　　② 뿌듯함　　③ 무관심함　　④ 심심함

표현력 키우기

나의 봉사활동 모습은 어떤 모습일지 상상하여 적어 보세요.

19일차 소비

긴 글로 만나기

도전, 무인 셀프 계산

공부한 날 ( )월 ( )일

어휘력 티우기

뜻풀이를 보고 [보기]에서 빈칸에 들어갈 알맞은 글자를 써 보세요.

보기

드 알 현 너 권 바

①	스캐 ☐	인쇄된 사진이나 그림, 문자 등을 읽어서 파일로 변환하여 저장하는 장치
②	☐ 코드	컴퓨터로 상품을 관리할 수 있도록 상품에 표시해 놓은 줄무늬
③	큐 ☐ 코드	흑백의 격자무늬 그림으로 여러 가지 정보를 나타내는 이차원 바코드
④	카 ☐	상품이나 서비스 대금을 지급할 수 있도록 만든 네모난 판
⑤	☐ 금	물건을 사고팔 때, 그 자리에서 값으로 치르는 돈
⑥	상품 ☐	적혀 있는 가격에 해당하는 상품과 교환할 수 있는 표

독해력 살피기

다음 글을 읽고, 질문에 답하세요.

무인 셀프 계산은 마트나 편의점, 식당, 상점 등에서 계산원(캐셔) 없이 고객이 셀프계산대에서 직접 계산을 하는 것이다. 최근 무인 셀프계산대가 많이 설치되면서 이용자들도 점차 늘어나고 있어 이용법을 미리 알아 둘 필요가 있다.

[무인 셀프 계산 이용 방법]

1. 무인 셀프계산대 화면의 시작하기를 누르고 결제수단을 선택한다.
   : 대부분 카드와 페이만 가능하고 현금 및 상품권 결제는 불가하다.
   경우에 따라, 순서상 결제수단부터가 아닌 경우도 있다.

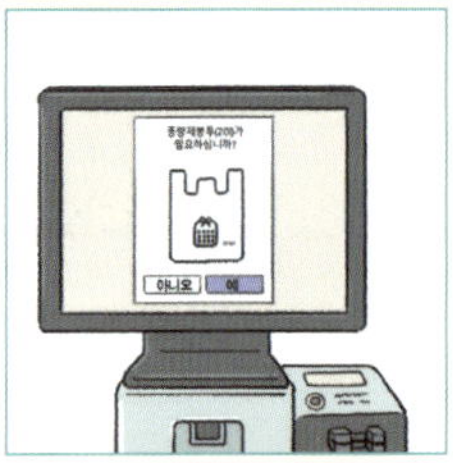

2. 봉투 필요 여부를 확인한다.
   : 봉투는 유료이고 대/중/소 사이즈 선택이 가능하다.
   단, 필요 없으면 건너뛰기를 한다.

3. 상품 바코드 혹은 큐알(QR)코드를 찾아 손잡이로 된 스캐너로 찍는다.
   : 보통 상품에 있는 직선의 바코드를 찍어 계산하는 경우가 많지만
   상품의 작은 사각형 모양의 QR코드를 찍기도 한다.

4. 상품을 다 찍었으면 수량을 확인하고 결제하기를 누르고 포인트 여부를 선택한 다음, 계산을 마무리한다.
   : 카드로 결제했다면 카드를, 페이로 결제했다면 스마트폰을 잘 챙긴다.

※ 혼자서 무인 계산대 이용이 어려우면 직원에게 도움을 요청하면 된다.

1. 무인 셀프 계산은 어떤 것인지 (　　)에서 알맞은 낱말을 골라 ○ 하세요.

마트나 편의점, 식당, 상점 등에서 계산원 없이 고객이 (셀프계산대/카운터)에서 (간접/직접) 계산을 하는 것이다.

2. 무인 셀프계산대를 이용하는 과정에 맞게 기호를 쓰세요.

㉮ 상품을 다 찍었으면 수량을 확인하고 결제하기를 누르고 포인트 여부를 선택한 다음, 계산을 마무리한다.
㉯ 무인 셀프계산대 화면의 시작하기를 누르고 결제수단을 선택한다.
㉰ 봉투 필요 여부를 확인한다.
㉱ 상품 바코드 혹은 큐알(QR)코드를 찾아 손잡이로 된 스캐너로 찍는다.

(　　　　) → (　　　　) → (　　　　) → (　　　　)

3. 다음의 봉투 크기(대/중/소)를 살펴보고, 빈칸에 알맞은 말을 각각 쓰세요.

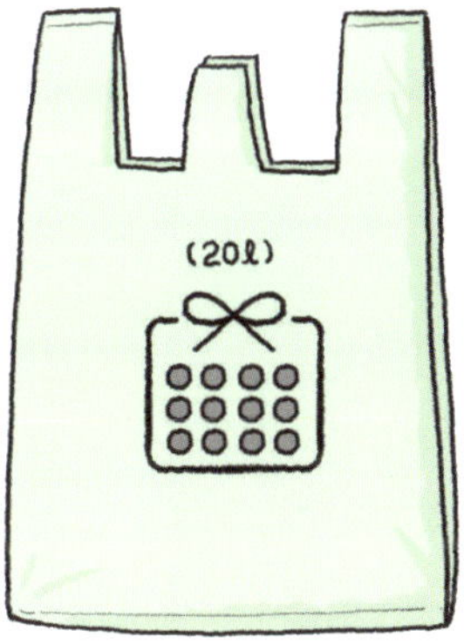

4. 다음 그림이 나타내는 것이 무엇인지 찾아 선으로 이으세요.

5 012345 678900 ● ● 바코드

● ● 큐알코드

5. 읽은 글의 내용으로 맞으면 ○, 틀리면 × 해 보세요.

① 무인 셀프계산대는 카드와 페이만 가능하다. (   )

② 최근 무인 셀프계산대가 많이 설치되고 있는 추세이다. (   )

③ 무인 셀프계산대를 이용하는 이용자가 별로 없기 때문에 이용법을 미리 알아 둘 필요는 없다. (   )

6. 무인 계산대 이용에 어려움을 느낀다면 어떻게 할 것인지 그 방법을 써 보세요.

(   )

표현력 키우기

키오스크를 사용한 경험을 떠올려 보고 적어 보세요.

20일차 안전

긴 글로 만나기

학교에선 절대 신으면 안 돼

공부한 날
(   )월
(   )일

어휘력 티우기

가로-세로 단어 퀴즈를 풀어 보세요.

가로

① 놀라거나 매우 급하여 어떻게 해야 할지를 모르는 데가 있다
② 실제의 내용과 같은
③ 일이 진행되는 상황이나 진행된 결과
④ 다시 나타남

세로

㉮ 어떤 것의 효과나 작용이 다른 것에 미치는 것
㉯ 법이나 규칙이나 명령으로 어떤 행위를 하지 못하게 함
㉰ 관찰이나 실험, 조사로 얻은 사실이나 정보
㉱ 벌어진 사태에 대하여 적절한 대책을 세워서 행함

	③ ㄱ	ㅊ			
① ㄷ	ㅎ	ㅅ	ㄹ	ㄷ	
② ㅅ	ㅈ	ㅈ			
㉯ ㄱ		④ ㅈ	ㅎ		㉰ ㄷ
ㅈ		㉱ ㅈ		㉮ ㅇ	ㅇ
		ㅊ		ㅎ	ㅌ

TIP 다음 페이지의 지문에 나오는 단어들을 살펴보면, 단어 퀴즈를 푸는 데 도움이 됩니다.

독해력 살피기

다음 글을 읽고, 질문에 답하세요.

크록스(Crocs)를 신어 본 적이 있나요? 크록스는 고무 재질에 앞코가 뭉툭한 신발로, 지비츠(jibbitz)라는 장식품을 신발 구멍에 부착해 자신만의 스타일을 만들 수 있다. 이러한 개성 덕분에 특히 제트세대(1990년대 후반~2000년대 초반 출생)와 알파세대(2010년~현재까지 출생)에게 큰 인기를 얻고 있다.

그러나 최근 미국의 여러 학교에서 학생들의 크록스 착용을 금지했다. 학교 측은 안전 문제와 주의 산만을 이유로 들었다. 실제로 학생들이 크록스의 고정 밴드를 제대로 착용하지 않아 넘어지는 사고가 잦았고, 수업 시간에 지비츠를 만지거나 친구들에게 던지는 등 사고가 발생했다. 또한 틱톡 등 사회관계망서비스(SNS)에서는 학생들이 일부러 미끄러지거나 넘어지는 장면을 재현한 영상이 퍼지기도 했다.

이에 대해 업체 측은 크록스 금지 사례가 늘고 있다는 실질적 데이터가 없음에도 불구하고, 일부 학교의 조치가 당혹스럽다고 밝혔다. 한편 우리나라에서도 크록스를 신는 10대 청소년이 많아, 미국의 금지 조치가 어떤 영향을 미칠지 귀추가 주목된다.

1. 글에서 '고무로 된 재질에 앞코가 뭉툭하고 지비츠(jibbitz)라고 불리는 장식품을 신발 구멍에 부착해 꾸밀 수 있어 제트세대와 알파세대에게 사랑 받으며 인기를 끌고 있는 신발'을 의미하는 단어를 찾아 써 보세요. [| |]

2. 세대(世代)와 관련해 자연스럽게 어울리는 것끼리 선으로 연결하여 보세요.

Z세대 ●	● 1990년대 후반~2000년대 초반 출생
α세대 ●	● 2010년대~현재까지 출생

3. 빈칸에 알맞은 말을 각각 쓰세요.

미국의 학교 수십 곳에서 (㉠)와 (㉡)을 이유로 크록스 착용을 금지했다.

㉠: ( ) ㉡: ( )

4. 읽은 글의 내용으로 맞으면 ○, 틀리면 × 해 보세요.

① 우리나라에서도 크록스금지령이 시행 중이다. (　　)

② 크록스 금지 조치는 업체 측을 당혹스럽게 만들었다. (　　)

③ 크록스는 전 연령대에서 사랑을 받으며 인기를 끌고 있다. (　　)

표현력 키우기

미국 학교 내 '크록스금지령 조치'에 대해 어떤 생각을 갖고 있는지 적어 보세요.

21일차 시사

긴 글로 만나기

'한강'의 기적

공부한 날 ( )월 ( )일

어휘력 티우기

[보기]의 밑줄 친 초성을 참고하여 글자판에서 찾아 ○ 하세요.

보기

① 유엔은 국제 평화와 안전을 위하여 많은 ㄱ ㅎ을 했다.

② 임명장 ㅅ ㅇ는 오늘 네 시에 대강당에서 합니다.

③ 할아버지 ㄱ ㅇ이라 식구가 한자리에 모였다.

④ 영훈이는 14세의 나이로 대학에 ㅊ ㅇ ㅅ 합격했다.

⑤ 그 나라는 ㄱ ㅈ원조를 거부했다.

⑥ ㄱ ㄴ 최초 유럽 리그 입성.

⑦ 그녀의 시신은 ㅇ ㅇ대로 화장했다.

⑧ ㅇ ㅅ ㅎ 학자들이 참석한 회의.

⑨ 엉뚱한 그의 행동은 ㅇ ㅊ을 불허한다.

⑩ 세계 ㅊ ㅊ

⑪ 마을에서 ㅊ ㄱ ㄹ이신 최 씨 할아버지.

⑫ ㅅ ㅅ ㄱ가 되다.

⑬ 대한민국 ㄱ ㅈ을 취득하다.

⑭ 한때 그녀는 해외에서 ㅁ ㅅ을 날렸다.

공	헌	최	고	령	국
유	명	성	국	제	적
언	작	가	한	강	예
수	소	설	가	최	측
여	최	연	소	초	국
기	일	유	수	한	내

독해력 살피기

다음 글을 읽고, 질문에 답하세요.

스웨덴 스톡홀름 한림원에서 한국 소설가 한강을 2024년 노벨문학상 수상자로 선정하자 한국인들은 기쁨과 놀라움으로 반응했다. 그도 그럴 것이 2000년 평화상을 탄 고(故) 김대중 전 대통령에 이어 두 번째이며 아시아 최초 여성 작가 수상이라는 기록도 세우게 되었기 때문이다. 노벨상은 다이너마이트를 발명한 알프레드 노벨의 유언에 따라 인류의 복지에 공헌한 사람이나 단체에게 수여되는 상으로 문학, 화학, 물리학, 생리 · 의학, 평화, 경제학 총 6개 부문에서 수여되며 시상식은 알프레드 노벨의 기일인 오는 12월 10일 스웨덴 스톡홀름(생리의학, 물리, 화학, 문학, 경제상)과 노르웨이 오슬로(평화상)에서 열린다.

이번에 한강 작가가 수상한 노벨문학상은 1901년부터 올해까지 총 117차례 수여됐으며, 상을 받은 사람은 121명이다. 한강은 여성 작가로서는 역대 18번째 노벨문학상 수상자가 됐다. 역대 수상자들의 국적은 프랑스가 16명으로 가장 많다. 이어 미국 13명, 영국 12명, 스웨덴 8명, 독일 8명 등 수상자 대부분이 미국, 유럽 국적자였다. 아시아 국가 국적의 작가가 수상한 것은 이번이 2012년 중국 작가 모옌 이후 12년 만이다. 최연소 수상자는 '정글북'을 쓴 영국 작가 러디어드 키플링으로 1907년 41세의 나이로 수상했으며, 최고령 수상자는 2007년 87세의 나이로 상을 받은 영국 작가 도리스 레싱이다.

그동안 한강 작가는 '채식주의자'로 영국의 맨부커, '작별하지 않는다'로 메디치상 등을 받으며 국제적으로 명성을 쌓았고 국내의 유수한 문학상 등을 수상해 한국에서 가장 노벨문학상 수상 가능성이 높은 작가로 평가받았다. 하지만 많은 이들이 예측하지 못한 수상이라 한국인들의 뜨거운 반응은 한동안 이어질 분위기이다.

1. 빈칸에 들어갈 알맞은 단어를 써 보세요.

노벨상은 □□□□□□ 를 발명한 알프레드 노벨의 유언에 따라 인류의 복지에 공헌한 사람이나 단체에게 수여되는 상이다.

2. 괄호 안에 알맞은 말을 넣어 보세요.

한국 소설가 한강은 2024년 (　　　　　　　　) 수상자로 선정되었다.
이는 2000년 평화상을 탄 고(故) 김대중 전 대통령에 이어 (　　　　　　　　)이며 아시아 최초 여성 작가 수상이다.

3. 읽은 글의 내용으로 맞으면 ○, 틀리면 × 해 보세요.

① 노벨상은 문학, 화학, 물리학, 생리 · 의학, 경제학 총 다섯 부문에 수여된다. (　　)

② 노벨상은 인류의 복지에 공헌한 사람이나 단체에게 수여되는 상이다. (　　)

③ 노벨문학상을 수상한 아시아 여성 작가는 한강 작가가 처음이다. (　　)

④ 노벨문학상 시상식은 12월 10일 노르웨이 오슬로에서 진행된다. (　　)

4. 다음 단어 중 반대의 뜻을 가진 단어끼리 선으로 이어 보세요.

국내 ●	● 최연소
최고령 ●	● 국제

표현력 키우기

한강 작가의 노벨문학상 수상이 의미하는 바를 생각해 적어 보세요.

22일차

건강

긴 글로 만나기

아프고 아파서

공부한 날
(   )월 (   )일

어휘력 티우기

암호를 풀어보세요.

∠	⊥	⌒	∂	▽	≡	≒	§	※	☆	★	○	◍	◎	●	◇	▯	□	■	△
인	사	기	수	냉	방	작	처	전	제	해	추	이	가	료	틀	호	부	진	접
♤	♥	♣	♩	♪	♬	⚂	♭	♮	♯	⊙									
항	적	록	명	병	용	납	방	출	복	열									

①	◍◇	[ ]: 2일 정도 되는 짧은 기간
②	○◎	[ ]: 나중에 더하여 보탬
③	∠♥⊥♤	[ ]: 특정한 사람에 대한 여러 사항
④	♯♬	[ ]: 약을 먹음
⑤	★⊙☆	[ ]: 체온이 올라갈 때 열을 내리기 위해 사용하는 약제
⑥	△∂	[ ]: 신청이나 신고 따위를 구두(口頭)나 문서로 받음
⑦	§♭※	[ ]: 어떤 병을 다스리기 위한 약의 조제 방법을 적은 종이
⑧	☆♮	[ ]: 과제나 의견 따위를 내어놓음
⑨	■●⌒♣	[ ]: 환자의 질병과 관련되는 모든 기록
⑩	∂⚂	[ ]: 돈이나 물품 따위를 받아 거두어들임
⑪	▯♩	[ ]: 공식적으로 이름을 부름
⑫	▽≡♪	[ ]: 냉방이 된 실내와 실외의 온도 차가 심하여 인체가 잘 적응하지 못해서 발생하는 것
⑬	□≒♬	[ ]: 어떤 일에 부수적으로 일어나는 바람직하지 못한 작용

독해력 살피기

다음 글을 읽고, 질문에 답하세요.

중학생인 은우는 열이 나고 목이 간질거리면서 계속 콧물, 기침이 나 집 근처 인근의 병원에 갔다. 먼저 병원데스크에서 인적사항과 진료기록을 확인한 후 접수를 마쳤다. 그러고는 담당 의사선생님의 진료실 앞에서 진료 차례를 기다렸다. 내 차례가 오자 간호사선생님이 내 이름을 호명해 진료실에 들어갔다. 진료실에 들어가니 의사선생님께서 진료를 봐 주셨다. 의사선생님께서 냉방병, 여름감기에 걸렸으니 물을 많이 마시고 약 먹고 푹 쉬라고 하셨다. "혹시 부작용 있는 약이 있을까요?" 의사선생님은 약 처방을 하며 부작용 여부를 물었다. 은우는 먹으면 어지러운 콧물약이 있다고 들고 온 약 봉투를 내밀었다. 진료를 다 보고, 수납을 하고 처방전을 받아 약국에 갔다. 약국에 가서 처방전을 제출하고 약이 나오기를 기다렸다. 얼마 후 약사님이 이름을 부르면서 "학생, 감기가 심하네."라는 말을 하시며 감기약 복용방법을 알려 주셨다. 약사님은 아침, 점심, 저녁 식후 30분에 약을 복용하라고 하셨고, 열이 떨어지지 않는다면 약 복용 2시간 후에 해열제를 추가적으로 복용하라고 하셨다. 은우는 이틀 치 약을 받아 집으로 갔다.

1. 은우의 감기 증상 네 가지를 적어 보세요.

( )

2. 병원 진료 순서를 어떻게 할지 생각해 순서를 바르게 나열하세요.

㉮ 병원데스크에서 접수를 한다.	㉯ 약국에 간다.
㉰ 수납을 하고 처방전을 받는다.	㉱ 진료를 본다.

( ) → ( ) → ( ) → ( )

3. 다음 중 알맞은 단어를 ( )에서 골라 ○ 하세요.

은우는 먹으면 (부작용/작용)이 있는 어지러운 콧물약이 (있다/없다).

4. 은우가 받아 온 감기약으로 바른 것은 어떤 걸까요? ( )

① 약 이틀 분 + 해열제　　② 약 하루 분 + 해열제

③ 해열제　　④ 약 이틀 분

5. 은우는 오후 6시 30분부터 20분 동안 식사를 할 예정이다. 저녁 약을 언제 복용해야 할까요? (   )

① 6시 50분   ② 7시   ③ 7시 20분   ④ 7시 15분

6. 은우는 저녁 약을 복용한 후 2시간이 지난 현재 열이 떨어지지 않아 해열제를 먹으려고 한다. 얼마나 먹어야 할까요? 약 컵에 먹어야 하는 양만큼 색칠해 주세요.

[효능 · 효과]: 감기로 인한 발열 및 통증

[용법 · 용량] 성인: 1회 10~20ml, 1일 3~4회 복용

소아: 다음의 1회 용량을 1일 3~4회 복용

1~2세 3ml	3~6세 5ml
7~10세 8ml	11~14세 10ml

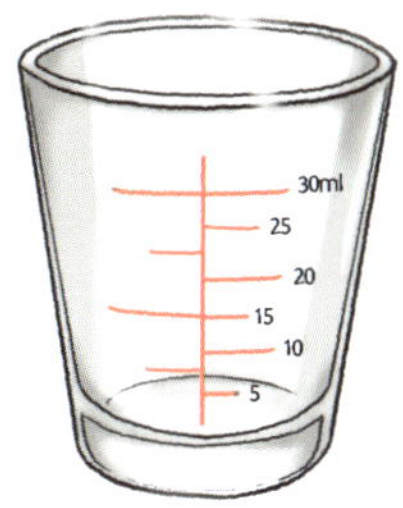

표현력 키우기

여름철 감기에 걸리지 않기 위해 어떠한 노력을 하면 좋을지 써 보세요.

23일차 여가

긴 글로 만나기

미술관 나들이

공부한 날 ( )월 ( )일

어휘력 티우기

뜻풀이를 보고 [보기]에서 빈칸에 들어갈 알맞은 글자를 써 보세요.

보기

별 해 물 보 수 적 형

서 복 전 본 인

①	국 □	보물에 해당하는 문화유산 가운데 가치가 커 국가가 특별히 지정한 유형 문화유산
②	□ 설사	문제나 사건의 내용 따위를 알기 쉽게 풀어 설명하는 사람
③	특 □ 전	특별한 물건을 일정한 기간을 정해 놓고 여는 전시회
④	누 □	계속 반복되어 쌓임
⑤	보 □	국가에서 지정하여 법률로 보호하는 유형 문화유산
⑥	□ 집	취미나 연구를 위하여 여러 가지 물건이나 재료를 찾아 모음
⑦	□ 화	주로 붓으로 쓴 글씨와 붓으로 그린 그림
⑧	□ 적	일정한 목적, 내용, 체재에 맞추어 사상, 감정, 지식 따위를 글이나 그림으로 표현하여 적거나 인쇄하여 묶어 놓은 것
⑨	신윤 □	조선 후기의 풍속화가
⑩	미 □ 도	미인을 주제로 그린 그림
⑪	훈민정음 해례 □	조선 세종 28년(1446)에 훈민정음 28자를 세상에 반포할 때에 찍어 낸 판각 원본
⑫	실감 □	실제로 체험하는 느낌이 나는 유형

독해력 살피기

다음 글을 읽고, 질문에 답하세요.

주말 아침 가족과 함께 미술관에 갔다. 미술관으로 가는 차 안에서 아버지께서는 염려스러운 듯한 목소리로 말씀하셨다.

"오랜만에 미술관에 가는데 사람이 너무 많지 않을까 걱정이구나……."

나는 왜 미술관이 인파로 붐빌지 아버지께 여쭤보았다. 아버지께서는 특별전을 열어서 그렇다고 말씀하셨다. 특히 누적관람객 15만 명을 돌파하면서 전국으로부터 많은 관람객을 불러 모으는 현상이 생겼다. 나는 이런 현상에 대한 궁금증을 해결하기 위해 인터넷을 찾아 사진과 동영상, 관람 후기 등을 살펴보았다. 모두가 좋은 평을 남겨 주었고, 완성도와 만족도가 높은 전시라고 생각하니 더욱 기대되었다.

어느새 미술관에 도착했다. 예상대로 미술관을 가득 메운 사람들, 그 틈을 비집고 해설사가 나와 말씀하셨다.

"안녕하십니까? 대구간송미술관에 오신 것을 환영합니다. 이번 전시는 간송 전형필(1906~1962) 선생이 수집한 국보와 보물들을 총 5개의 전시실로 나눠 소개하고 있습니다. 먼저 전시실 1에서는 서화와 전적, 전시실 2에서는 신윤복의 미인도, 전시실 3에서는 훈민정음 해례본, 전시실 4에서는 서예 · 도가 · 불교미술, 전시실 5에서는 실감형 영상을 감상하실 수 있습니다. 그럼 간송미술관에서 행복한 시간 보내세요."

나는 가족들과 전시실 1을 시작으로 오늘 5개의 전시실을 모두 보고 돌아가기로 마음먹었다.

직접 국보와 보물들을 볼 수 있다니 정말 설렜다.

1. 아버지가 걱정하신 것은 무엇인가요?

( )

2. 미술관에 대한 궁금증을 해결하기 위해 찾아본 것에 모두 ○ 하세요.

동영상	사진	굿즈	관람 후기

3. 괄호 안에 알맞은 말을 넣어 보세요.

미술관에서 열린 이번 전시는 간송 ( ) 선생이 수집한 ( )와 ( )들을 소개하고 있다.

4. 전시실은 총 5개로 나눠져 있다. 각 전시실별로 알맞은 전시품을 찾아 이어 보세요.

전시실 1	훈민정음 해례본
전시실 2	서화와 전적
전시실 3	미인도
전시실 4	실감형 영상
전시실 5	서예 · 도가 · 불교미술

표현력 키우기

미술관에 다녀온 경험을 떠올려 보고 써 보세요.

24일차 디지털

긴 글로 만나기

AI교과서의 시대

공부한 날
(　　　)월
(　　　)일

어휘력 티우기

가로-세로 단어 퀴즈를 풀어 보세요.

가로

① 일상생활에서 일정한 자극을 받은 수용자가 그 자극에 대해 보이는 대응
② 관찰이나 실험, 조사로 얻은 사실이나 정보
③ 앞으로 일을 해 나갈 일정한 방향이나 계획
④ 찬성과 반대로 서로 맞서는 두 가지 주장
⑤ 상황이나 사태가 날카롭게 거세게
⑥ 기술, 방법, 물자 따위를 끌어들임
⑦ 논쟁의 중심이 되는 문제

세로

㉮ 더 잘 이해하기 위하여 어떤 현상이나 사물을 여러 요소나 성질로 나눔
㉯ 겉으로 드러나지 않고 속에 숨어 있는 힘
㉰ 글을 읽고 이해하는 느낌
㉱ 깊이 파고들거나 빠질 수 있는 힘
㉲ 밖으로 흘러 나가거나 흘려 내보냄
㉳ 수준이나 품질, 수량 등이 서로 벌어진 차이
㉴ 어떤 문제에 대해 서로 의견을 말하며 의논함

① ㅍ	ㄷ	ㅂ		⑦ ㅇ	ㅅ	
④ ㅊ	ㅂ	ㅇ	ㄹ			㉰ ㅁ
② ㄷ	ㅇ	ㅌ			㉮ ㅂ	ㅎ
⑤ ㅊ	ㅇ	ㅎ	ㄱ		ㅅ	ㄹ
㉱ ㅁ	③ ㅂ	ㅊ	⑥ ㄷ	ㅇ		㉯ ㅈ
ㅇ		㉲ ㅇ		㉳ ㄱ	㉴ ㄴ	ㅈ
ㄹ		ㅊ		ㅊ	ㅇ	ㄹ

TIP 다음 페이지의 지문에 나오는 단어들을 살펴보면, 단어 퀴즈를 푸는 데 도움이 됩니다.

독해력 살피기

다음 글을 읽고, 질문에 답하세요.

최근 인공지능 디지털 교과서(AIDT: Artifical Intelligence Digital Textbook) 도입이 교육계의 뜨거운 이슈가 되고 있다.

AI교과서는 기존의 서책형 교과서에 디지털 기술을 도입하고 인공지능 기술을 적용한 교과서를 말한다. AI교과서는 기존 서책형 교과서와는 달리 학생의 학습 데이터를 분석하고 각 개인의 학습능력, 속도, 흥미에 맞춘 학습 콘텐츠를 제공하며, 학습자에게 실시간으로 피드백(feedback)을 제공하는 기능을 갖는다. 당장 2025년 3월부터 초등학교 3~4학년과 중학교와 고등학교 1학년의 수학, 영어, 정보 등 3개 교과에 적용되고, 2026년 이후부터는 대상 학년과 과목을 대폭 확대할 방침이다.

그런데 문제는 AI교과서 도입을 앞두고 이와 관련해 찬반양론이 첨예하게 엇갈리고 있다는 점이다.

우선, AI교과서 도입을 찬성하는 측에서는 학생들의 맞춤형 학습을 지원하고 디지털 기술을 교육에 접목하면 학생들의 학습 효율성 증가에 도움이 될 뿐만 아니라, 시대적 흐름, 교사들의 수업 방법 혁신을 불러올 수 있는 잠재력이 크다는 점을 강조한다.

반면, 반대하는 측에서는 AI교과서를 사용하면서 발생할 수 있는 학습 데이터 유출, 디지털 기기에 대한 과도한 의존, 그리고 디지털 격차, 독서 몰입력 저하, 문해력 침해, AI 맞춤형 교육 기술력 부족 등에 대해 우려를 내비쳤다.

이러한 AI교과서를 둘러싼 찬반이 끊임없이 제기되는 가운데 지속적인 논의가 요구된다.

1. 디지털 교과서란 무엇인가요?

( )

2. 괄호 안에 알맞은 말을 넣어 보세요.

AI교과서는 각 개인의 ( ), ( ), ( )에 맞춘 학습 콘텐츠를 제공한다.

3. 다음 중 디지털 교과서 적용 학년이 아닌 것을 모두 고르세요. (,)

① 초등학교 5학년 ② 중학교 1학년 ③ 초등학교 4학년
④ 고등학교 2학년 ⑤ 초등학교 3학년

4. 디지털 교과서 도입에 찬성하는 입장과 반대하는 입장의 근거를 골라 각각 두 개씩 번호를 쓰세요.

① 학생 개개인에 맞춤학습을 제공할 수 있어 학습 효율성 증가에 도움이 된다.
② 문해력을 저해한다.
③ 디지털 기기에 대한 지나친 의존이 우려된다.
④ 시대적 흐름에 맞춰 수업혁신을 불러올 수 있는 잠재력이 크다.

찬성: (　　　,　　　)

반대: (　　　,　　　)

표현력 키우기

디지털 교과서에 찬성하거나 반대하는 의견을 써 보세요.

나는 디지털 교과서를 쓰는 데 찬성한다.
왜냐하면,

VS

나는 디지털 교과서를 쓰는 데 반대한다.
왜냐하면,

25일차 가정 첫 생일을 축하해
26일차 학교 동아리 활동을 소개합니다
27일차 소비 현금 없는 버스가 있다?
28일차 안전 자전거, 제대로 알고 타나요?
29일차 시사 '법이 봐주는' 아이들
30일차 건강 날씨가 왜 이래?
31일차 여가 경주로의 여행
32일차 디지털 핸드폰에 폭싹 빠졌수다

PART 4

생활문해 실전편

'학습문해력'이 아닌 '생활문해력'을 목표로 삼아야 한다

25일차 가정

긴 글로 만나기

첫 생일을 축하해

공부한 날 ( )월 ( )일

어휘력 티우기

[보기]의 밑줄 친 초성을 참고하여 글자판에서 찾아 ○ 하세요.

보기

① 아기 ㄷ ㅈ ㅊ에 갔다.
② 오늘 야구 ㅎ ㅇ ㄹ ㅇ ㅌ를 챙겨 봤다.
③ 조카의 ㄷ ㅈ ㅇ를 준비했다.
④ 부모님께서 ㅁ ㅂ ㅈ ㅅ하시기를 빌었다.
⑤ 나는 여전히 ㄱ ㅍ ㅈ ㅍ하는 중이다.
⑥ 친구들을 ㅊ ㄷ해 생일파티를 열었다.

돌	잔	치	환	영	글
하	무	단	응	갈	가
이	병	체	원	팡	족
라	장	사	축	질	친
이	수	진	하	팡	척
트	돌	잡	이	초	대

독해력 살피기

다음 글을 읽고, 질문에 답하세요.

성훈이는 엄마, 아빠, 누나와 함께 나이 차 많이 나는 사촌 동생 가을이의 돌잔치에 갔다. 돌잔치 장소 입구에는 '가을이의 첫 번째 생일에 초대합니다.'라는 환영글이 걸려 있었고 실내에는 떡과 과일, 케이크 등 정성스럽게 차려진 생일상이 눈길을 끌었다. 한쪽에는 가을이가 1년간 성장해 온 시간을 담은 액자와 앨범도 놓여 있었다. 잠시 후 한복을 곱게 차려입은 가을이가 유모차를 타고 등장하자 여기저기서 반가움의 환호와 박수가 쏟아졌다. 이후 다 같이 생일 노래를 부르며 가을이의 첫돌을 축하했다. 이윽고 돌잔치의 하이라이트인 '돌잡이'가 진행되자 가족들 모두 가을이의 손이 향하는 곳에서 눈을 떼지 못했다. 탁자에는 훌륭한 법관이 되길 바라는 '판사봉'과 의사를 상징하는 '청진기', 연예인을 뜻하는 '오방색지' 등이 놓였다. 할아버지는 "돈 잡아라~ 가을아." 하고 크게 외쳐 여기저기서 웃음이 터져 나왔다. 여러 물건이 놓인 탁자 앞에서 갈팡질팡하던 가을이가 마침내 집어 든 것은 바로 '실타래'였다. 건강과 무병장수를 상징하는 실뭉치를 집어 올리는 가을이의 모습에 주변 어른들은 환호와 박수를 쏟아 내며 응원과 축하를 아끼지 않았다. 돌잔치는 단체 사진을 끝으로 마무리됐지만, 이후에도 가족과 친척들은 자리를 떠나지 않고 가을이의 손을 잡고 머리를 쓰다듬으며 한참 동안 축하의 마음을 전했다.

1. 가을이는 몇 살인가요? (   )살

2. 글에서 '실외'와 반대되는 단어를 찾아서 ○ 하세요.

3. 돌잡이를 할 때 사용하는 돌잡이용품의 그림과 알맞은 설명을 연결하세요.

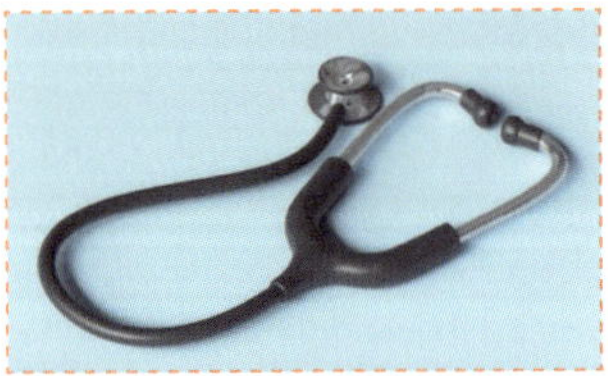

훌륭한 법관

좋은 의사

다재다능한 연예인

4. 다음 중 알맞은 단어를 선택하여 문장을 완성하세요.

가을이는 돌잡이 때 (**실타래/판사봉**)을 집었다. 이것은 (**건강/부자**)을 상징한다.

표현력 키우기

만약 내가 돌잡이를 한다면 어떤 물건을 고르고 싶은지 적어 보세요.

- 내가 고르고 싶은 물건의 이름:
- 물건을 고른 이유:

26일차 학교

긴 글로 만나기

동아리 활동을 소개합니다

공부한 날
(　　)월
(　　)일

어휘력 티우기

암호를 풀어 보세요.

∠	⊥	⌒	∂	▽	≡	≒	§	※	☆	★	○	◍	◎	●	◇	◆	□	■	△
운	동	조	협	아	목	교	고	적	참	출	내	결	집	해	변	경	외	실	양
♤	♥	♣	♩	♪	♬	⚂	♭	♮	♯	☺	☜	▯	▰	☖	♞	☼			
영	리	시	후	추	의	참	거	지	접	직	게	하	일	부	모	학			

①	∠♤	[　　　　　　]: 어떤 조직이나 그 조직의 일을 목적에 맞게 이끌어 경영함
②	∂⌒	[　　　　　　]: 힘을 모아 서로 도움
③	⊥▽♥	[　　　　　　]: 같은 목적으로 한패를 이룬 무리
④	≒○□	[　　　　　　]: 학교의 안과 밖을 아울러 이르는 말
⑤	≡※	[　　　　　　]: 이루고자 하는 일이나 방향
⑥	■♣	[　　　　　　]: 어떤 일이나 제도 따위를 실제로 행함
⑦	☆§	[　　　　　　]: 어떤 자료를 살펴서 도움이 될 만한 것으로 삼음
⑧	★◍	[　　　　　　]: 출석과 결석을 아울러 이르는 말
⑨	◎◍	[　　　　　　]: 사람의 무리나 세력 따위가 한곳으로 모임
⑩	△●	[　　　　　　]: 사정을 잘 헤아려 이해하고 받아들임
⑪	◇◆	[　　　　　　]: 다르게 바꾸어 새롭게 고침
⑫	♪♩	[　　　　　　]: 일이 지난 그 얼마 뒤
⑬	♬♭	[　　　　　　]: 어떤 사실에 근거함
⑭	♮⚂	[　　　　　　]: 돈이나 물건 따위를 가지고 참석함
⑮	☺♯	[　　　　　　]: 중간에 아무것도 끼거나 거치지 않고 바로
⑯	⊥▰▯☜	[　　　　　　]: 구별됨이 없이 똑같이
⑰	☼☖♞	[　　　　　　]: 학생을 자녀로 둔 부모

독해력 살피기

다음 글을 읽고, 질문에 답하세요.

학부모님 안녕하십니까?

평소 학교의 교육활동 운영에 많은 관심을 가지고 적극적으로 협조해 주셔서 감사합니다.

우리 학교에서는 학생들에게 다양한 창의적 체험활동을 통해 문화적 자극과 진로 탐색의 기회를 제공하고자 교내외에서 다양한 동아리 활동을 운영하고 있습니다. 학생들에게 학교생활의 즐거움과 생동감 있는 학교문화조성을 목적으로 실시되는 동아리 활동이 보람되고 알찬 체험학습이 될 수 있도록 학부모님들께서도 자녀들에게 관심 가져 주시기를 부탁드립니다.

(* 다음 표를 참고하셔서 자녀들이 참여하는 동아리의 활동 내용 및 활동 장소를 확인하시기 바랍니다.)

1. 일시: 2025년 07월 04일(금) 3교시~4교시
2. 유의사항
   가. 학생들은 각 동아리 특성에 맞게 학교나 정해진 장소에 집결하여 활동을 합니다. 집결장소와 시간을 반드시 확인하여 동아리 활동에 차질이 없도록 해 주세요.
   나. 동아리 활동 장소와 시간은 각 동아리 사정에 따라 변경될 수 있으니 양해 바랍니다. 추후 변경 사항이 생기는 경우 각 동아리별로 학생들을 통하여 직접 안내합니다.
   다. 필기도구 등의 준비물은 표를 참고하여 개인적으로 반드시 지참해야 합니다.
   라. 동아리 활동은 교육과정에 의거하여 실시하는 활동이므로 수업과 동일하게 출결 처리가 이루어지니 활동 참여 시 출결 관리에 신경 쓰시기 바랍니다.

20○○. ○○. ○○.

○○중학교장

연번	동아리명	활동 내용	활동 장소	준비물
1	보석십자수반	보석십자수 작품 활동	수업부석실	보석십자수
2	걸어서 영화 속으로반	영화감상 및 감상문 쓰기	음악실	필기도구
3	또래상담반	또래상담프로그램	위클래스	필기도구
4	문화생활반	캘리그라피 손글씨 쓰기	학습도움실	필기도구
5	밴드반	축제 준비	시청각실	개인 악기
6	팀스포츠반	발야구	운동장	운동화, 개인 물통, 체육복
7	진로탐색반	김치 담그기	가정실	앞치마, 고무장갑
8	캐릭터탐구반	나만의 캐릭터 만들기	미술실	연필형 색연필
9	북클리닉반	북아트 체험 및 동아리 활동 평가	도서실	필기구
10	손끝코딩반	프로그램 설명회	컴퓨터실	필기도구

1. 무엇을 전달하는 안내문인가요? (　　　)

① 시험기간 공지　② 동아리 활동　③ 학교축제 안내　④ 현장체험학습 실시

2. ㉠과 ㉡에 들어갈 알맞은 말을 빈칸에 쓰세요.

> 동아리 활동은 학생들에게 학교생활의 (㉠)과 (㉡) 있는 학교문화조성을 목적으로 실시되고 있다.

㉠: ☐☐☐　　㉡: ☐☐☐

3. 동아리 활동 참여 시 유의사항에 해당하는 것에 모두 ○ 하세요.

① 동아리 활동 장소와 시간은 각 동아리 사정에 따라 변경될 수 없다. (　　　)

② 필기도구 등의 준비물은 표를 참고하여 개인적으로 반드시 지참한다. (　　　)

③ 동아리 활동은 수업과 다르게 출결 처리한다. (　　　)

④ 학생들은 각 동아리 특성에 맞게 학교나 정해진 장소에 집결하여 활동을 한다. (　　　)

4. 동아리 활동과 관련해 자연스럽게 어울리는 것끼리 선으로 연결하여 보세요.

보석십자수반 ●	● 필기도구
밴드반 ●	● 앞치마, 고무장갑
진로탐색반 ●	● 개인 악기
걸어서 영화 속으로반 ●	● 보석십자수
캐릭터탐구반 ●	● 운동화, 개인 물통, 체육복
팀스포츠반 ●	● 연필형 색연필

표현력 키우기

내가 참여하고 있는 동아리 활동을 적어서 소개해 보세요.

27일차
소비

긴 글로 만나기

현금 없는 버스가 있다?

공부한 날
( )월
( )일

어휘력 티우기

뜻풀이를 보고 [보기]에서 빈칸에 들어갈 알맞은 글자를 써 보세요.

보기

통	카	금	문	잔	성	해	이

①	현 ☐	물건을 사고팔 때, 그 자리에서 값으로 치르는 돈
②	현금 ☐	현금을 넣는 통
③	교통 ☐ 드	일정한 금액을 카드에 충전한 뒤, 버스나 지하철을 탈 때마다 기계에 대면 요금에 해당하는 금액이 빠져나가도록 만들어진 카드
④	☐ 액	쓰고 남은 돈의 액수
⑤	☐ 의사항	모르거나 궁금한 것들
⑥	방 ☐ 요인	남의 일을 잘못되게 하거나 못하게 하는 중요한 원인
⑦	음 ☐	사람의 목소리나 말소리
⑧	계좌 ☐ 체	어떤 계좌에 들어 있던 돈을 다른 계좌로 옮김

독해력 살피기

다음 글을 읽고, 질문에 답하세요.

중학생이 된 첫날. 친구 형식이와 학교에 가려고 버스에 탔는데, 내가 교통카드를 대자 '삑' 소리가 나면서 '잔액이 부족합니다.'라는 음성이 흘러나왔다. 나는 지갑에서 돈을 꺼내다가 현금통이 없는 것을 보고 당황했다. 운전기사님께서 "이 버스는 현금을 받지 않으니 계좌이체 해 달라." 라고 하셔서 친구 형식이가 교통카드를 한 번 더 찍어 주었다. 덕분에 무사히 등교할 수 있었다.

'요금 납부 안내서'

해당 버스는 승객 여러분을 보다 더 안전하게 모시고자 '현금납부 및 거스름돈 반환' 등으로 발생되는 운전집중 방해 요인을 제거하기 위해 '현금 없는 버스'로 운영되고 있습니다.

오늘 시내버스에 납부하지 못하신 버스요금은 아래의 계좌번호로 입금을 부탁드립니다.

감사합니다!

입금액	일반(1,500원) 청소년(1,200원) 어린이(700원) 상기 중 해당하는 금액을 아래 계좌로 입금해 주세요.
계좌번호	샛별은행 135-246-7890 (예금주: 스피드교통 주식회사)

문의사항 및 궁금하신 점이 있으면 111-222-3333 (스피드교통 주식회사)로 연락 주시기 바랍니다.

1. 형식이는 어떤 버스를 탔는지 (　　　)에서 알맞은 낱말을 골라 ○ 하세요.

(카드/현금) 없는 버스

2. 괄호 안에 알맞은 말을 넣어 보세요.

운전집중 방해 요인인 (　　　　　　　) 및 (　　　　　　　)을 제거하기 위해 '현금 없는 버스'가 운영되고 있다.

3. 만약 내가 버스요금을 계좌이체로 보내야 한다면, 이체방법을 정리해 써 보세요.

(예시) XXXX원을 XX은행 XXX-XXX-XXXX으로 보낸다.

4. 이 글을 통해 짐작할 수 있는 내용으로 알맞은 것에 ○ 하세요.

① 돈을 들고 다녀야 하는 번거로움이 사라질 것이다. (　　　)

② 디지털 기술에 취약한 노인이나 외국인 관광객도 큰 불편을 겪지 않고 이용할 수 있을 것이다. (　　　)

표현력 키우기

'현금 없는 버스' 탑승 전 미리 체크해야 할 것을 써 보세요.

28일차
안전

긴 글로 만나기

자전거, 제대로 알고 타나요?

공부한 날
(　　　)월
(　　　)일

어휘력 티우기

가로-세로 단어 퀴즈를 풀어 보세요.

가로

① 사회에 널리 퍼짐
② 마음에 새겨 두고 조심해야 하는 사항
③ 어떤 일을 하고 있을 때에 그 일과는 전혀 관계없는 행동을 함
④ 위험이나 사고의 발생을 막을 수 있도록 갖추어 차린 장치나 설비
⑤ 법으로 정해져서 지키거나 따라야 할 규칙이나 규범

세로

㉮ 명령이나 규칙, 법률 등을 지킴
㉯ 병이나 사고 등이 생기지 않도록 미리 막음
㉰ 항상 있는 일이 됨
㉱ 사고의 가능성이 있는 것을 피하거나, 위험을 미리 짐작하여 주의 깊게 하는 운전
㉲ 어떤 행동이 오랫동안 되풀이하는 동안에 저절로 익혀짐

③ㄸ	ㅈ	④ㅇ	ㅈ	ㅈ	ㅂ
②ㅈ	ㅇ	ㅅ	ㅎ		㉰ㅇ
	①ㅂ	ㅍ	ㅎ	㉮ㅈ	ㅅ
㉯ㅇ	㉱ㅂ	⑤ㅂ	ㄱ	ㅅ	ㅎ
ㅂ	ㅇ			㉲ㅅ	
	ㅇ			ㄱ	
	ㅈ			ㅎ	

TIP 다음 페이지의 지문에 나오는 단어들을 살펴보면, 단어 퀴즈를 푸는 데 도움이 됩니다.

독해력 살피기

다음 글을 읽고, 질문에 답하세요.

요즘 청소년들 사이에서 자전거로 학교 · 학원을 오가는 것이 보편화되었다. 많은 중고생이 자전거를 안전하게 잘 타려면 몇 가지 주의사항을 염두에 두고 타는 것이 중요하다. 그렇다면 안전한 자전거 타기를 위해 주의해야 할 사항은 무엇일까?

첫째, 핸드폰과 헤드폰 · 이어폰을 사용하지 않는 게 좋다. '나 하나쯤 딴짓 운전' 하는 생각으로 휴대전화를 만지거나 문자를 보내거나, 게임을 위해 액정화면을 바라보거나, 헤드폰이나 이어폰으로 음악을 듣는 등 운전 부주의가 큰 사고로 이어질 수 있다. 그러므로 내가 조금 불편하고 힘들어도 주행 중 핸드폰 사용과 헤드폰 · 이어폰 착용을 금한다.

둘째, 안전장비를 꼭 착용한다. 안전모나 무릎이나 팔꿈치 보호대를 착용하는 것은 기본이고 야간 운행 시에는 라이트를 켜고 운전하도록 한다.

셋째, 안전운전을 위한 마음가짐을 가지며 교통법규를 철저히 준수한다. 자전거 운전 시 언제든지 사고가 발생할 수 있으므로 도로 통행 시 차량 및 다른 자전거와의 충돌을 예방하기 위해 방어운전을 한다거나 인도나 횡단보도에서는 내려서 자전거를 끌고 이동하는 등을 일상화, 습관화한다.

이렇게 자전거는 몇 가지 주의사항만 지키면 사고 없이 안전하게 탈 수 있다.

1. 빈칸에 들어갈 알맞은 말을 써 보세요.

요즘 10대들은 [ ][ ][ ] 로 [ ][ ] 와 [ ][ ] 을 오간다.

2. 다음 단어 중 비슷한 뜻을 가진 단어끼리 선으로 이어 보세요.

청소년 ●	● 중고생
준수하다 ●	● 막다
금하다 ●	● 지키다

3. '나 하나쯤 딴짓 운전'에 해당하는 것들에는 무엇이 있는지 써 보세요.

① ______________________ ② ______________________

③ ______________________ ④ ______________________

4. 다음 중 '안전장비'에 해당하지 않은 것에 ○ 하세요.

① 안전모 ( )
② 팔꿈치 보호대 ( )
③ 무릎 보호대 ( )
④ 라이트 ( )
⑤ 헤드폰 ( )

표현력 키우기

'자전거'로 피해를 입은 경험이 있다면 적어 보세요.

상황	그때 든 생각	해결방법

29일차 시사

긴 글로 만나기

'법이 봐주는' 아이들

공부한 날
(　　)월 (　　)일

어휘력 티우기

[보기]의 밑줄 친 초성을 참고하여 글자판에서 찾아 ○ 하세요.

보기

① 그는 ㅈ ㄷ로 평생 감옥을 드나들었다.
② 그녀는 사기죄로 ㅊ ㅂ을 받았다.
③ 그는 회사에서 ㅈ ㄷ ㅎ 역할을 하고 있다.
④ 최근 발생한 산불피해 대책을 ㄴ ㅇ 중이다.
⑤ 갱생을 위한 ㄱ ㅈ 프로그램.
⑥ 겨울철 ㅂ ㅎ대책에 만전을 기하다.
⑦ 건강한 신체에 ㄱ ㅈ 한 정신이 깃든다.
⑧ 이기기 위해서는 상대의 ㅎ ㅈ을 찾아내야 한다.

절	미	청	소	년	교
도	만	경	찰	청	정
처	헛	점	소	년	법
벌	명	엄	벌	논	의
방	시	범	죄	감	옥
화	중	대	한	건	전

TIP 다음 페이지의 지문에 나오는 단어들을 살펴보면, 단어 퀴즈를 푸는 데 도움이 됩니다.

독해력 살피기

다음 글을 읽고, 질문에 답하세요.

최근 촉법소년들을 둘러싼 논란이 커지고 있다.

촉법소년(범법소년)이란 죄를 지어도 처벌을 면제받는 만 10세 이상~14세 미만의 청소년을 말한다.

경찰청 통계에 따르면, 촉법소년은 해마다 늘고 있어 사회적 문제가 되고 있다. 이들의 범죄는 단순 절도를 넘어 학교폭력, 성범죄, 방화 등 강력범죄로 확대되고 있지만, 소년법에 따라 처벌은 받지 않는다.

소년법 제4조 제1항 제2호에는 촉법소년은 중대한 범죄를 저질러도 처벌보다 교정을 우선시하며, 건전하게 성장할 수 있도록 한다고 규정되어 있다. 이는 아직 어린 나이인 만큼 자라면서 변할 수 있다는 전제가 반영된 결과이다.

그러나 이러한 법의 헛점을 악용하는 촉법소년 범죄가 늘어나면서, 10대들이 범죄에 대한 죄의식이나 책임감을 갖지 못하게 될 우려가 있다. 또한 과거의 연령 기준이 오늘날 청소년들의 신체적 · 심리적 성숙 수준과 사회적 현실을 충분히 반영하지 못하고 있다는 지적도 많다.

따라서 앞으로는 촉법소년 연령을 하향 조정할지, 혹은 처벌 기준을 강화할지에 대한 신중하고 구체적인 논의가 필요하다.

1. 빈칸에 들어갈 알맞은 단어를 써 보세요.

이란 죄를 지어도 처벌을 면제받는 만 10세 이상~14세 미만의 청소년을 말한다.

2. 괄호 안에 알맞은 말을 넣어 보세요.

(　　　　　　　　　　)에는 촉법소년은 중대한 강력범죄를 저지르더라도 처벌보다 교정을 우선으로 하고 건전하게 성장할 수 있도록 한다.

3. 읽은 글의 내용으로 맞으면 ○, 틀리면 ×를 해 보세요.

① 촉법소년범죄는 해마다 증가하고 있다. (　　　)

② 촉법소년의 연령 기준은 만 10세 이상~12세 미만이다. (　　　)

③ 촉법소년의 범죄는 단순 절도가 대부분이다. (　　　)

4. '촉법소년 연령 하향'에 대한 찬반의견의 이유로 알맞은 것을 찾아 선으로 이으세요.

찬성	●	●	10대들이 범죄에 대한 죄의식과 책임감을 갖지 못할 수 있기 때문이다.
반대	●	●	아직 어린 나이라, 자라면서 충분히 변할 수 있기 때문이다.

표현력 키우기

촉법소년 연령 하향에 대해 찬성하거나 반대하는 의견을 써 보세요.

나는 촉법소년 연령 하향에 대해 (　　　　　)한다.
왜냐하면

30일차 건강

긴 글로 만나기

날씨가 왜 이래?

공부한 날
(　　)월 (　　)일

어휘력 티우기

암호를 풀어 보세요.

∠	⊥	⌒	∂	▽	≡	≒	§	※	☆	★	○	◍	◎	●	◇	◆	□
변	플	검	어	근	쌍	색	포	한	화	교	별	차	무	일	각	의	주

①	∠☆◎≡	[　　　　　　]: 변하는 정도가 비할 데 없이 심함
②	□◆	[　　　　　　]: 마음에 새겨 두고 조심함
③	∂⊥	[　　　　　　]: 스마트폰 따위의 운영 체제에서 사용자의 편의를 위해 개발된 다양한 응용 프로그램
④	⌒≒	[　　　　　　]: 책이나 컴퓨터에서 목적에 따라 필요한 자료들을 찾아내는 일
⑤	§▽※	[　　　　　　]: 감정이나 분위기 따위가 보드랍고 따뜻하여 편안한 느낌이 있음
⑥	◇○※	[　　　　　　]: 어떤 일에 대한 마음가짐이나 자세 따위가 유달리 특별함
⑦	●★◍	[　　　　　　]: 기온, 습도, 기압 따위가 하루 동안에 변화하는 차이

독해력 살피기

다음 글을 읽고, 질문에 답하세요.

요즘 날씨가 변화무쌍하다. 어제와 오늘이 너무 달라 변덕스럽기 그지없다. 그래서 채영이는 집 밖으로 나갈 때마다 일기예보를 검색해 날씨를 꼼꼼하게 체크하는 습관이 생겼다. 오늘도 나가기 전에 스마트폰에 깔아 둔 날씨 어플을 살펴보고는 잠시 고민에 빠졌다. '가을' 치고는 분명 포근한 날씨이다. 겨울옷을 입기에는 낮에 덥고 그렇다고 가볍게 입으면 아침, 저녁 쌀쌀함이 걱정이 된다. 큰 일교차(10도 이상 벌어짐)로 쉽게 감기에 걸릴 수도 있어 건강관리에도 각별한 주의가 필요하다. 유심히 방 안 행거에 걸린 반팔 티셔츠, 기모가 들어간 맨투맨과 바지, 얇은 바람막이를 눈으로 살핀다. 어떤 옷을 입고 나갈까 고민이 더 깊어진다.

주간 날씨

(대구 / ℃)

주간	하늘	최저 / 최고 (℃)
11/11 (월)	맑음	9 / 20
11/12 (화)	맑음	10 / 20
11/13 (수)	구름 많음	9 / 18
11/14 (목) [수능]	구름 많음 → 비	9 / 19
11/15 (금)	비 → 흐림	12 / 19
11/16 (토)	흐림	13 / 20
11/17 (일)	구름 많음	11 / 16

※ 24. 11. 12. 화 기준 ※

1. 채영이가 외출하기 전에 하는 일이 무엇인지 적어 보세요.

( )

2. 일교차가 크게 벌어질 때 조심해야 할 것은 무엇인가요? ( )

① 수면의 질　　② 피부관리

③ 건강관리　　④ 체중변화

3. 주간 날씨표를 보고 바르게 설명하지 않은 것은 무엇인가요? (　　　)

① 수능날에는 큰 추위 없이 구름만 많다가 오후에 비가 오겠다.

② 목요일부터 내리기 시작한 비는 금요일 오전까지 이어지겠다.

③ 주말에는 일교차가 심해 활발히 바깥활동을 펼칠 수 없겠다.

④ 화요일까지 맑고 청명한 날씨가 예상된다.

⑤ 11월 2주차 최저 기온 9도에서 13도, 최고 기온 16도에서 20도 예상된다.

4. 일교차 계산식을 이용하여 괄호 안에 들어갈 알맞은 말을 써 보세요.

(일교차) = (하루 중 최고기온) - (하루 중 최저기온)

일교차가 큰 날은 (　　　)월 (　　　)일 (　　　)요일로, 최고기온 (　　　)도, 최저기온 (　　　)도, 일교차가 (　　　)도에 달했다.

일교차가 작은 날은 (　　　)월 (　　　)일 (　　　)요일로, 최고기온 (　　　)도, 최저기온 (　　　)도, 일교차가 (　　　)도에 불과했다.

표현력 키우기

일교차가 클 때의 옷차림을 생각해 보고 써 보세요.

31일차 여가

긴 글로 만나기

경주로의 여행

공부한 날
(   )월 (   )일

어휘력 티우기

뜻풀이를 보고 [보기]에서 빈칸에 들어갈 알맞은 글자를 써 보세요.

보기

화 교 설 일 관 임 별 특

①	당 □	일이 있는 바로 그날
②	□ 람	연극, 영화, 운동경기, 미술품 따위를 구경함
③	문 □ 해설사	유적지나 관광지에 대하여 관람객에게 객관적으로 설명할 수 있는 소정의 자격을 가지고 있는 사람
④	해 □	문제나 사건의 내용 따위를 알기 쉽게 풀어 설명함
⑤	근 □	도시의 가까운 변두리에 있는 마을이나 들
⑥	□ 시공휴일	원래 정해져 있는 것이 아니라 필요에 따라 국가나 사회에서 그때그때 정하는 휴일
⑦	□ 산품	어떤 지역에서 특별히 생산되는 물품
⑧	□ 미	특별히 좋은 맛 또는 그런 맛을 가진 음식

독해력 살피기

다음 글을 읽고, 질문에 답하세요.

정은이는 임시공휴일을 맞아 가족들과 함께 근교로 당일치기 가족여행을 갔다. 오랜만에 떠나는 여행이라 출발 전부터 마음이 설렜다. 기차 안에서 가족들과 이야기하다 보니 금방 경주에 도착하였다.

첫 번째로 간 곳은 황리단길이었다. 황리단길은 경주 황남동에 위치한 거리로, 경주의 전통적인 분위기를 간직하면서도 현대적인 감성을 담은 공간들이 조화를 이루고 있는 곳이었다. 이곳에서는 한옥 스타일의 카페와 개성 넘치는 공방, 감성적인 포토존, 맛집과 디저트 카페 등이 있었다. 아빠께서는 대한민국에서 가장 오래된 팥빵인 '황남빵'을 먹어 보자고 하셨다. 나는 벤치에 앉아 갓 나온 황남빵과 음료수를 야무지게 먹었다. 먹으면서도 저절로 미소가 지어졌다.

두 번째로 간 곳은 불국사였다. 불국사는 신라 시대의 대표적인 사찰로, 문화해설사의 해설을 들으며 청운교와 백운교(돌계단 다리), 다보탑(돌로 쌓은 탑) 등을 관람하고 신라문화에 대해 쉽게 이해할 수 있는 시간을 가졌다. 솔직히 역사와 문화유산에 관심이 없었지만 직접 실물을 보고 설명을 들으니 신기하고 재미있었다.

불국사를 나온 우리 가족은 경주 중앙시장에 들렀다. 경주 특산품인 주령구빵(신라인들의 놀이기구인 14면체의 주사위 주령구의 모양을 본뜬 빵)과 별미인 닭강정을 사기 위해서였다. 시장에서는 주령구빵, 닭강정 외에 육전, 즉석 도넛 등 다양한 음식을 팔고 있었다. 우리는 가족 모두가 좋아하는 닭강정과 경주여행을 기념할 주령구빵을 잔뜩 샀다.

볼거리와 먹을거리가 많은 경주를 여행해서 즐거웠다. 경주에 또 가게 된다면 안 가 본 장소에도 가고, 못 먹어 본 다른 음식들도 먹어 보고 싶다.

1. 여행 떠나기 직전의 정은이가 느낀 기분은 무엇인가요? (　　　)

① 두근거린다　　② 지겹다　　③ 귀찮다　　④ 언짢다

2. 정은이네 가족이 여행목적지에 가기 위해 이용한 교통수단은 무엇인가요? (　　　)

① 자동차　　② 비행기　　③ 배　　④ 기차

3. 정은이가 가족여행을 통해 방문한 곳과 한 일들을 바르게 이으세요.

황리단길		주령구빵과 닭강정을 삼
중앙시장		청운교, 백운교, 다보탑을 관람
불국사		황남빵과 음료수를 사 먹음

4. 정은이는 다음에 또 경주에 오면 무엇을 해 보려고 하는지 ○ 하세요.

안 가 본 곳에 가 보고 싶다.	가 본 곳에 다시 한번 더 가 보고 싶다.

표현력 키우기

당일치기 여행 계획을 세워 보세요.

여행 가고 싶은 곳:

여행지에서 하고 싶은 것:

32일차
디지털

긴 글로 만나기

핸드폰에 폭싹 빠졌수다

공부한 날
(　　)월
(　　)일

어휘력 틔우기

가로-세로 단어 퀴즈를 풀어 보세요.

가로

① 불행한 일이 생긴 원인
② 비슷한 다른 것으로 바꿈

세로

㉮ 도시에서 조금 떨어져 있는 들판, 집이나 건물의 밖
㉯ 휴일이 이틀 이상 계속됨

<table>
<tr><td></td><td></td><td></td><td></td><td></td><td></td></tr>
<tr><td></td><td></td><td></td><td>① ㅎ</td><td>ㄱ</td><td></td></tr>
<tr><td>② ㄷ</td><td>ㅊ</td><td></td><td></td><td></td><td></td></tr>
<tr><td></td><td></td><td></td><td>㉯ ㅇ</td><td></td><td>㉮ ㅇ</td></tr>
<tr><td></td><td></td><td></td><td>ㅎ</td><td></td><td>ㅇ</td></tr>
<tr><td></td><td></td><td></td><td></td><td></td><td></td></tr>
</table>

TIP 다음 페이지의 지문에 나오는 단어들을 살펴보면, 단어 퀴즈를 푸는 데 도움이 됩니다.

독해력 살피기

다음 글을 읽고, 질문에 답하세요.

최근 인희는 엄마와 스마트폰 사용 문제를 놓고 크게 다퉜다. 사실 스마트폰으로 특별한 것을 하는 건 아니다. 포털 사이트 연예 뉴스나 유튜브 좀 보다가, SNS 좀 했다가, 인터넷 쇼핑 좀 하다가, 책갈피에 있는 즐겨찾기 목록 좀 들어갔다가, 모바일 메신저로 수다 좀 떠는 딱 그 정도이다. 하지만 스마트폰 사용 횟수가 증가하면서 상황이 달라졌다. 더욱이 할아버지, 할머니, 친척들이 명절 연휴를 맞아 집을 찾았는데도 대화에 끼지도 않고 방에 혼자 들어가 스마트폰에 열중한 게 화근이 되었다. 평소에 스마트폰을 달고 살았을 때도 별말 하지 않으셨던 엄마가 오랜만에 가족들과의 대화에 참여하지 않는 내 모습에 화가 나셨는지 스마트폰을 뺏으셨다. 순간 화를 내면서 소리를 지르고 말았지만 '이게 뭐 하는 건가' 싶었다.

그러다 며칠이 지난 후 엄마와 스마트폰 사용에 대해 많은 시간 이야기를 나누고 핸드폰 사용 계약서를 작성하였다. 이제부터는 스마트폰 이용 시간을 조금씩 줄여 나가면서 그 시간을 엄마와 함께 운동이나 야외활동으로 대체해 몸과 마음을 건강하게 할 예정이다. 잘 될지는 모르겠지만 그렇게 되도록 노력할 생각이다.

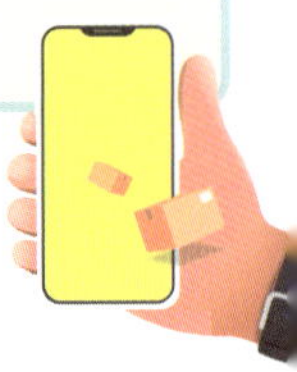

1. 인희가 스마트폰을 가지고 하는 일을 다섯 가지 찾아 밑줄을 그어보세요.

2. 인희와 엄마가 싸우게 된 결정적인 이유를 설명해 보세요.

( )

3. 인희는 엄마와 스마트폰 사용에 대해 많은 시간 이야기를 나눈 후 무엇을 작성했나요? ( )

① 핸드폰 금지 계약서 ② 유튜브 시청 금지 계약서
③ 스마트 워치 사용금지 계약서 ④ 핸드폰 사용 계약서

4. 엄마와의 대화 후, 작성한 핸드폰 사용 계약서 내용으로 짐작하기 어려운 것은 무엇인가요? ( )

① 가족들이 함께하는 활동에는 되도록 핸드폰 사용을 삼간다.
② 핸드폰으로 인하여 주변사람(가족 및 친구 등)들과 분쟁이 생기지 않도록 노력한다.
③ 새로운 앱을 까는 경우 부모의 동의를 받지 않고도 설치할 수 있다.
④ 핸드폰 잠금화면 패턴 및 비밀번호를 부모님과 공유한다.

표현력 키우기

인희와 자신을 비교해 보고, 생각을 써 보세요.

나는 인희 이야기에 공감 가는 부분이 (많이 있다 / 전혀 없다)
왜냐하면

Building up life literacy

PART 1 생활문해 기초편

PART 2 생활문해 실전편

PART 3 생활문해 실전편

PART 4 생활문해 실전편

정답

PART 1

생활문해 기초편 : '생활문해력'의 씨앗을 키워야 한다

1일차 우리 집은 청소 중

13–15쪽

어휘력 심기

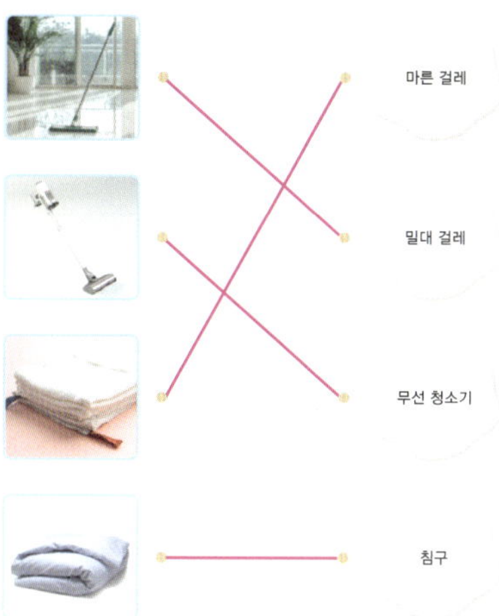

독해력 깨우기

1. 청소
2. 가전제품 위, 가구 위
3. 나(총괄 지휘를 했다)
4. 뿌듯함

표현력 열기 (예시답안)

- 침대나 이불 위에 물건을 어질러 놓지 않는다.
- 쓰레기는 쓰레기통에 버린다.
- 자고 일어나면 이불을 깨끗하게 갠다.
- 읽지 않는 책은 책꽂이에 꽂고, 쓰지 않는 학용품은 제자리에 가져다 놓는다.
- 너러워진 옷은 세탁 바구니에 넣고, 다시 입어야 하는 옷이나 교복은 옷걸이에 걸어 둔다.

2일차 구석구석 청와대 탐방 16-18쪽

어휘력 심기

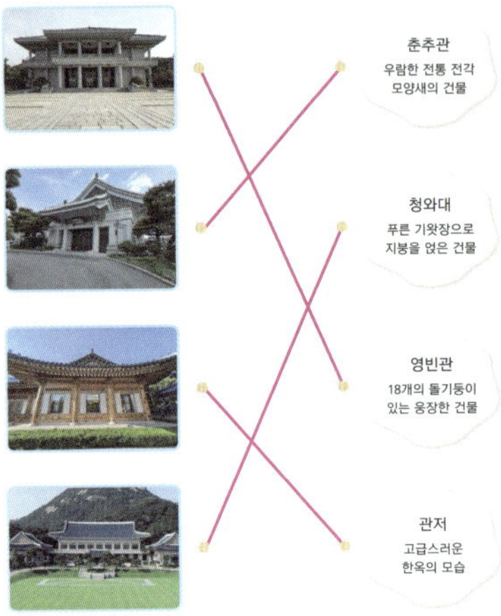

독해력 깨우기

1. 반 친구들
2. 춘추관
3. 대통령 가족, 대통령
4. 대규모 회의, 공식 행사
5. 춘추관 → 관저 → 영빈관

표현력 열기 (예시답안)

생략

3일차 용돈을 잘 쓰는 법 19-21쪽

어휘력 심기

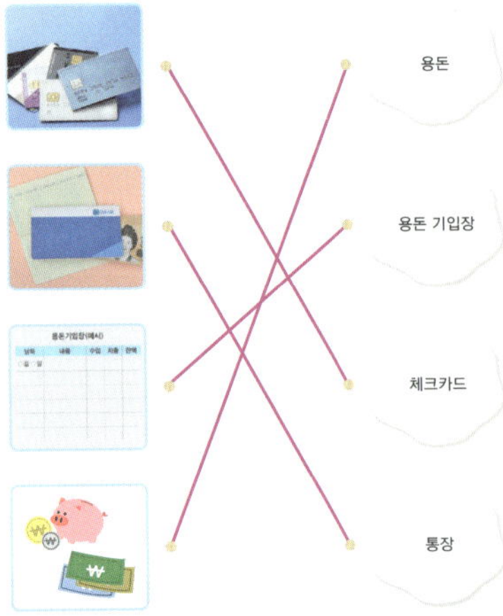

독해력 깨우기

1. 자기 통장으로
2. 하루 동안에 어떤 소비항목으로 얼마를 사용했는지 알 수 있다.
3. '남은 돈(잔액)'을 적는다.

표현력 열기 (예시답안)

용돈 기입장

날짜		내용	수입	지출	잔액
월	6/2	용돈 받음	25,000원		25,000원
화	6/3	친구 생일선물		5,000원	20,000원
수	6/4	지우개		500원	19,500원
목	6/5	편의점		3,500원	16,000원
금	6/6	편의점		4,000원	12,000원
토	6/7	참고서		7,000원	5,000원
일	6/8	카페		3,000원	2,000원
합계					

• 간식비, 음료지출이 생각보다 컸다.
집에서 간단히 해결할 수 있는 군것질도 밖에서 해결하려다 보니 지출이 늘었다.
간단한 간식류나 텀블러에 음료를 담아서 챙겨 다녀야 할 듯하다.

• 친구 생일선물로 예상치 못한 지출이 있었다.
갑자기 친구 생일선물이라는 지출의 변수가 있었지만, 이러한 변수도 항상 염두에 둬야 할 듯하다.

4일차 싱크홀은 무서워

22-24쪽

어휘력 심기

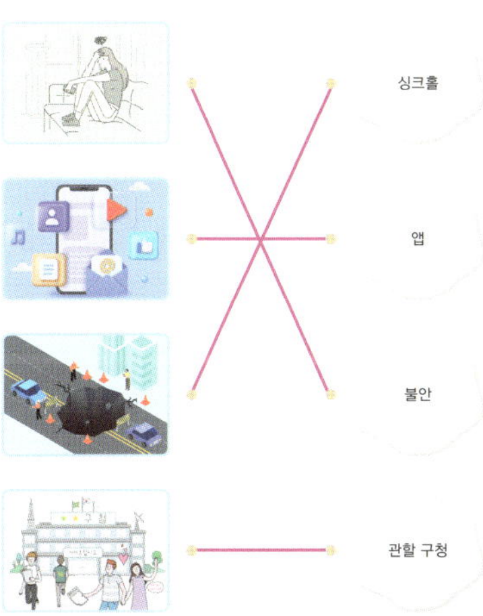

독해력 깨우기

1. 불안한 마음
2. 도로가 갑자기 내려앉거나 달리던 차들이 순식간에 땅속으로 빨려 들어간다.
3. 가까이 접근

표현력 열기 (예시답안)

#sinkhole

#불안

#초조

#공포

#땅 꺼짐

#119

#즉시 대피 등등

5일차 무인(無人)매장의 그림자

25-27쪽

어휘력 심기

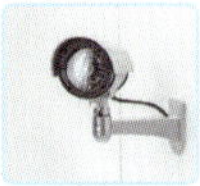

감시 카메라 CCTV

경고장

도난

무인매장

독해력 깨우기

1. 문방구, 편의점
2. CCTV를 설치하거나 도난 관련 경고장을 붙인다.
3.

이용자	양심적으로 행동한다.
가정/학교	준법교육을 강화한다.

표현력 열기 (예시답안)

- 자주 가는 무인매장: 무인 아이스크림 가게
- 냉장고에 기대거나 앉지 않는다.
- 매장 내 다른 음식을 먹지 않는다.
- 절도는 절대 하지 않는다.
- 계산은 정확히 한다.
- 매장은 쉬는 공간이 아니다.

6일차 개인 위생을 지키는 N가지 방법 28–30쪽

어휘력 심기

	땀
	샤워
	발 씻기
	세탁

독해력 깨우기

1. 여름
2. 호르몬 변화가 생기고, 신체 변화에 민감해서 다른 사람의 시선이 신경 쓰이기 시작해서
3.

복장	깨끗한 옷으로 자주 갈아입는다.
몸	하루 1회 미지근한 물로 샤워를 한다.
발	외출 후 돌아오면 반드시 꼼꼼히 발을 씻은 뒤 잘 말린다.

표현력 열기 (예시답안)

• 개인 위생관리를 위한 다짐하는 글은 V 표시가 없는 것 중심으로 적으면 된다.

7일차 슈링클스 매직! 나만의 키링 만들기 31–33쪽

어휘력 심기

	키링 고리
	슈링클스 종이
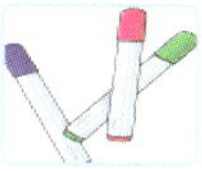	마카
	펀치
	오븐

독해력 깨우기

1. 가위, 슈링클스 종이
2. ④ → ① → ② → ③
3. 신기하고 즐거웠다.

표현력 열기 (예시답안)

생략

8일차 악성댓글, 이대로 괜찮을까?

34-36쪽

어휘력 심기

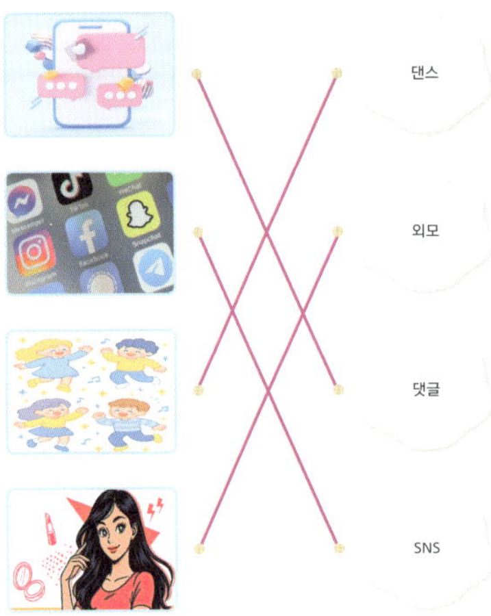

표현력 열기 (예시답안)

생략

독해력 깨우기

1. 얼굴과 몸매에 대한 악성댓글
2. 6개월 전, 이영이의 댄스 영상이 쪽박을 터뜨렸다. 이영이가 만든 콘텐츠는 법적으로, 혹은 도덕적으로 문제가 있었다.
3. 상대방의 입장에서 생각할 것

PART 2

생활문해 실전편: '일상생활 잘하는 능력'도 길러야 한다

9일차 주말에는 나도 스파게티 요리사

39-41쪽

어휘력 틔우기

① 줄행랑
② 예전
③ 인덕션
④ 막상
⑤ 노릇하게
⑥ 부엌일
⑦ 전자레인지
⑧ 적극적

독해력 살피기

1. ①
2. (①) → (⑤) → (⑦) → (④) → (②) → (⑥) → (③) → (⑧)
3. ○: ①, ④, ⑤ ×: ②, ③

표현력 키우기 (예시답안)

요리 이름: 햄치즈 토스트

필요한 재료: 식빵, 버터, 슬라이스햄, 슬라이스치즈, 키위소스(시판)

[햄치즈 토스트] 레시피

- 달군 팬에 버터를 두르고 식빵과 햄을 구워 준다.
- 구운 식빵 한쪽 위에 키위소스를 발라 준다.
- 소스를 바른 식빵 위에 햄과 치즈를 차례로 올려 준다.
- 남은 식빵 한쪽을 올리면 햄치즈 토스트가 완성된다.

10일차 시험 준비는 힘들어

42-46쪽

어휘력 틔우기

① 제출 ② 반입금지
③ 배부 ④ 교체
⑤ 부정행위 ⑥ 종료령
⑦ 의뢰 ⑧ 유도
⑨ 간주 ⑩ 예비령
⑪ 인적사항 ⑫ 마킹
⑬ 중복 ⑭ 판독
⑮ 소지 ⑯ 불이익
⑰ 표기 ⑱ 사용불가
⑲ 수정 ⑳ 지필평가
㉑ 의사

독해력 살피기

1. ④
2. ③
3. ②, ③, ④
4.

OMR카드 작성 방법						
학년	반		번호		과목코드	
	⓿	⓪	⓪	⓪	⓪	⓪
❶	①	①	①	①	❶	①
②	②	②	❷	②	②	❷
③	③	❸	③	③	③	③
	④	④	④	❹	④	④
	⑤	⑤	⑤	⑤	⑤	⑤
	⑥	⑥	⑥	⑥	⑥	⑥
	⑦	⑦	⑦	⑦	⑦	⑦
	⑧	⑧	⑧	⑧	⑧	⑧
	⑨	⑨	⑨	⑨	⑨	⑨

5. 예비마킹을 하지 않고 바로 컴퓨터용 사인펜으로 할 것
6. ③

표현력 키우기 (예시답안)

답안지 표기 시 각별히 주의한다.
답을 고칠 때 흰색 수정테이프로 깨끗이 지우도록 신경 쓴다.

11일차 겁먹지 마, 키오스크 47-50쪽

어휘력 틔우기

① 패 ② 스 ③ 름
④ 품 ⑤ 결 ⑥ 트
⑦ 수 ⑧ 삽 ⑨ 서
⑩ 완 ⑪ 인 ⑫ 립
⑬ 포 ⑭ 옵

독해력 살피기

1. ③
2. (㉲) → (㉰) → (㉯) → (㉱) → (㉳) → (㉮)
3. ②
4.

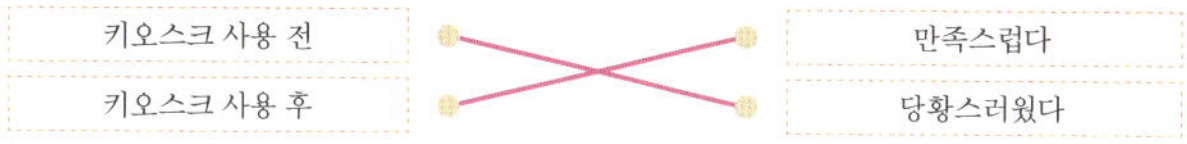

표현력 키우기 (예시답안)

• 키오스크는 늘 부모님이 해 주셔서 할 기회가 없었다. 그런데 우연히 영화관에서 티켓 발권을 해 봤는데, 천천히 하면 혼자서도 할 수 있을 것 같은데 뒤에 사람이 있으니 마음이 급해지고 안 돼서 속상했다.
• 나는 결제할 카드를 기계에 삽입하는 것이 어려웠다. "카드를 삽입하세요."라는 문구와 그림이 화면에 표시됐지만 카드 삽입 구멍을 찾는 게 생각처럼 쉽지 않았다.

12일차 스몸비족의 최후 51-53쪽

어휘력 틔우기

① 보행자 ② 경적
③ 매서운 ④ 실금
㉮ 한파 ㉯ 화근
㉰ 진단 ㉱ 대응

독해력 살피기

1. 스몸비족
2.

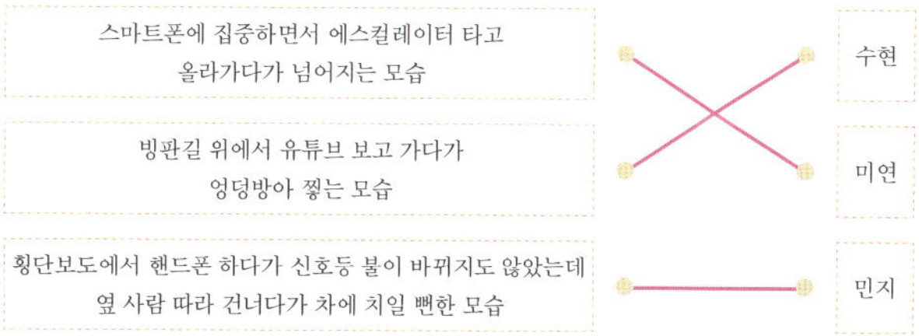

3. ①, ④ 4. ①

표현력 키우기 (예시답안)

- 상황: 장마철과 같이 비가 많이 내릴 때, 우산을 쓴 채로 스마트폰을 보면서 길거리를 걸었다.
- 그때 든 생각: 솔직히 말하면, 우산을 들고 이동하면서 핸드폰을 하니 시야 확보가 어렵고 주변 상황에 대한 인식을 제대로 할 수 없었다. 문득 다른 사람과 부딪치거나 넘어지는 등 크고 작은 사고가 일어날 수도 있겠다는 생각이 들었다.
- 해결방법: 길을 걸어 다닐 때는 핸드폰을 하지 않는다.

13일차 누가 먼저 앉지? 54-56쪽

어휘력 틔우기

① 로드킬 ② 타이머
③ 한파 ④ 평균
⑤ 일렬 ⑥ 자동
⑦ 종료 ⑧ 야박하다
⑨ 실외 ⑩ 주행
⑪ 확대 ⑫ 누리꾼

독해력 살피기

1. 온열의자
2. 찬성, 반대
3.

4. ○표: ①, ③ ×표: ②

표현력 키우기 (예시답안)

- 나는 고양이들이 '온열의자'를 사용하는 데 찬성한다. 왜냐하면 고양이들이 추위를 견딜 수 있게 돕기 때문이다.
- 나는 고양이들이 '온열의자'를 사용하는 데 반대한다. 왜냐하면 버스정류장을 이용하는 사람들에게 피해를 주기 때문이다.

14일차 이불 밖도 안전지대

57–59쪽

어휘력 틔우기

① 집돌이
② 원망
③ 집콕생활
④ 폐활량
⑤ 체력
⑥ 목표
⑦ 자신감

독해력 살피기

1. 체력, 폐활량
2. 7월 7일, 7월 11일
3. ⑤
4.

달리기 시작 전	불평하다
달리기 시작 후	생기발랄하다

표현력 키우기 (예시답안)

- 편식을 하지 않고, 음식을 골고루 먹는다.
- 도구나 기구 없이 쉽게 할 수 있는 맨손체조를 한다.
- 줄넘기 같은 운동이나 체조를 통해 체력을 기른다.

15일차 캠핑 대신 글램핑 떠나요

60–63쪽

어휘력 틔우기

① 득
② 고
③ 면
④ 늑
⑤ 편
⑥ 멍
⑦ 나

독해력 살피기

1. 고급스러운 야영
2. ③
3. ①, ④, ⑤
4. 같은 점: ② 다른 점: ③, ①

표현력 키우기 (예시답안)

- 내 선택: 캠핑, 단순히 야외활동뿐만 아니라 가족과의 시간, 스트레스 해소, 신체활동 등 내 삶을 행복하게 만들어 줄 거 같다.
- 내 선택: 글램핑, 짐 싸면서 싸우거나 텐트를 치면서 지치지 않을 거 같다.

16일차 무엇이든 물어보세요

64-66쪽

어휘력 틔우기

① 챗지피티
② 배려심
③ 방전
㉮ 프롬프트
㉯ 공감
㉰ 입력

독해력 살피기

1. ① 따분하거나 심심할 때
   ② 마음이 힘들거나 속상한 일이 생길 때
   ③ 공부하기 싫을 때
2. 디지털상담사
3. 차근차근 생각한 다음, 착하고 귀여운 말투로 답변해 달라
4. 마음이 풀어졌다

표현력 키우기 (예시답안)

- 나는 챗GPT를 내 상담사로 사용하는 데 찬성한다. 그 이유는 시간과 장소에 상관없이 상담이 가능할 뿐만 아니라 비용도 들지 않고, 위기상황(불안, 두려움, 공황)에서 즉시 도움을 받을 수 있기 때문이다.
- 나는 챗GPT를 내 상담사로 사용하는 데 반대한다. 그 이유는 AI는 진정한 감정이 없고, 인간의 복잡한 감정을 이해할 수 없어서 '온전히 이해받는 느낌'이 부족할 수 있다. 그리고 AI가 제공하는 조언과 정보가 항상 정확하고 옳다고 할 수 없기 때문이다.

PART 3

생활문해 실전편: '일상생활'에도 '문해력 연습'은 필요하다

17일차 회의는 계속될 거야

69-72쪽

어휘력 틔우기

① 반려견 ② 거창하다
③ 의견 ④ 역할
⑤ 회의 ⑥ 의제
⑦ 의논 ⑧ 분담
⑨ 결론 ⑩ 전원
⑪ 투표 ⑫ 부정적
⑬ 합의 ⑭ 예정
⑮ 엄두 ⑯ 가늠

독해력 살피기

1. 강아지를 키우고 싶어서
2. ①
3.

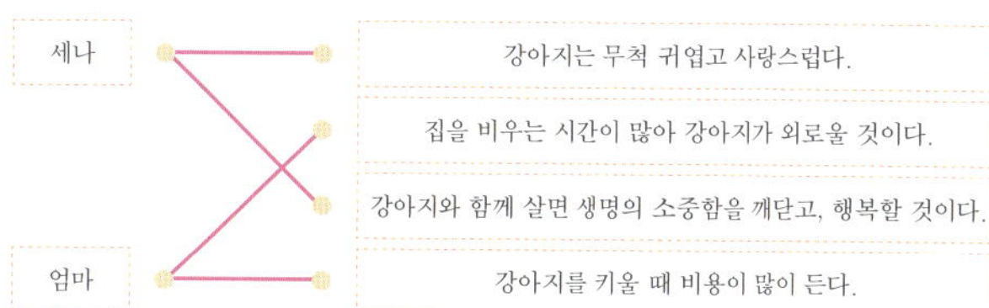

4. 찬반 투표를 통해 강아지를 키우기로 결정하였다.
5. ④

표현력 키우기 (예시답안)

• 가족회의 경험이야기:

① 초등학생일 때 가족회의를 처음 시작했는데, 보통 아빠가 몇 가지 안건을 가져오셔서 가족들을 불러 모아 놓고 전달하고 그 안건들을 이미 결정된 방향으로 통보하시면서 엄마랑 저랑 동생을 설득하는 형식이라 '가족회의'라는 게 의미가 있나 하는 생각이 들었다.

② 사춘기가 시작되면서 반항적이고 짜증도 많이 낼 쯤, 부모님께서 가족회의를 시작하셨다. 그때 가족과 소통할 수 있는 희망과 용기를 얻은 거 같다.

• 가족회의 안건으로 삼고 싶은 것: 용돈인상, 학교수업을 마치고 방과후나 학원수업을 들을 때까지 시간이 남으면 친구들이랑 어울려 간식을 사 먹기도 하고, 주말에는 따로 만나서 놀기도 하고, 친구의 생일선물도 챙겨야 돼서 올려 줬으면 좋겠다.

18일차 사랑의 도시락 배달

73-76쪽

어휘력 틔우기

① 봉사활동
② 독거노인
③ 동봉
④ 후식
⑤ 방문
⑥ 배송
⑦ 기원

독해력 살피기

1. ○: ② ×: ①, ③

2.

— 도시락 포장

— 도시락 배달

— 손편지 쓰기

3. 맛있고 든든한 한 끼를 즐기시고 따뜻하고 행복한 하루를 보내시길 기원합니다.

4. ②

표현력 키우기 (예시답안)

• 학교 동아리 활동에서 커다란 비닐봉지와 집게, 장갑을 끼고 학교 주변의 거리를 돌며 쓰레기를 줍는 '줍깅'을 한 적이 있다.
막상 쓰레기를 주우러 나가 보니, 버려진 쓰레기의 종류와 수가 많아서 많이 놀랐다. 구석에 콕 박혀 있는 일회용 컵부터 곳곳에 버려진 음료수통까지, 그렇게 한참을 줍다가 문득 버린 건 내가 아니지만 주변이 깨끗해지니 기분이 좋았다.

19일차 도전, 무인 셀프 계산

77-80쪽

어휘력 틔우기

① 너

② 바

③ 알

④ 드

⑤ 현

⑥ 권

독해력 살피기

1. 셀프계산대, 직접

2. (㉯) → (㉰) → (㉱) → (㉮)

3. 중, 대, 소

4.

바코드

큐알코드

5. ◯: ①, ② ×: ③

6. 직원에게 도움을 요청한다.

표현력 키우기 (예시답안)

• 마트나 무인매장에서 사용해 본 경험이 있다.
혼자 계산하니 편하고 대기시간도 짧아서 좋았지만 기계가 생소한 노인층은 사용하는 데 어려움이 있을 거 같다는 생각이 들었다.

20일차 학교에선 절대 신으면 안 돼 81-83쪽

어휘력 틔우기

① 당혹스럽다
② 실질적
③ 귀추
④ 재현
㉮ 영향
㉯ 금지
㉰ 데이터
㉱ 조치

독해력 살피기

1. 크록스
2.

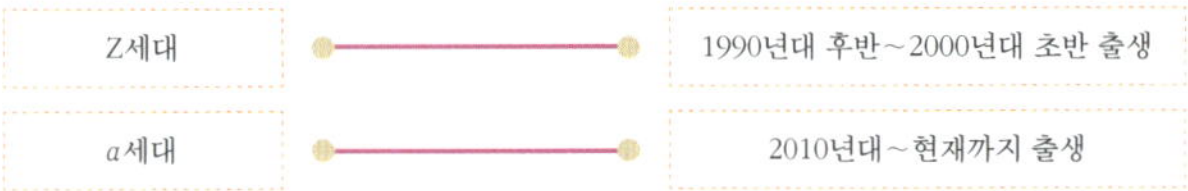

3. ㉠: (안전문제) ㉡: (주의산만)
4. ○: ② ×: ①, ③

표현력 키우기 (예시답안)

- 이 조치가 시행되든 안 되든 상관없다.
- 이 조치는 미국에서만 이루어지는 게 좋다.
- 이런 조치가 우리나라에서도 시행되면 좋을 것 같다.
- 우리나라는 이런 조치를 시행하지 않는 것이 좋을 것 같다.

21일차 '한강'의 기적 84-86쪽

어휘력 틔우기

① 공헌 ② 수여
③ 기일 ④ 최연소
⑤ 국제 ⑥ 국내
⑦ 유언 ⑧ 유수한
⑨ 예측 ⑩ 최초
⑪ 최고령 ⑫ 소설가
⑬ 국적 ⑭ 명성

독해력 살피기

1. 다이너마이트
2. 노벨문학상, 두 번째
3. ○: ②, ③ ×: ①, ④
4.

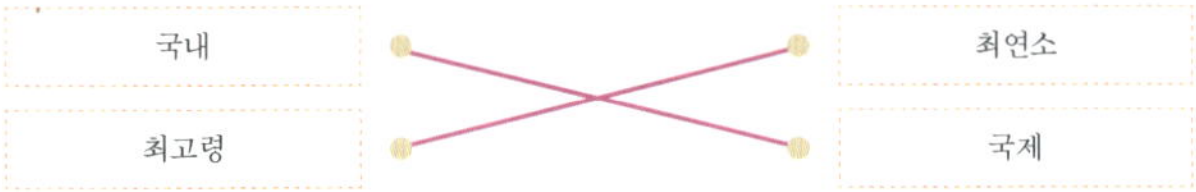

표현력 키우기 (예시답안)

• 한강의 노벨문학상 수상으로 한국 문학은 물론 한국 문화(드라마, 영화, K팝 등)의 세계 영향력이 점점 커질 것으로 예상된다.

• 이번 수상을 계기로 한국 문학의 위상이 전반적으로 올라가고 한국 문화 전반도 다시금 주목받으면서 한국 문화의 글로벌 영향력이 커지기를 기대해 본다.

22일차 아프고 아파서

87-89쪽

어휘력 티우기

① 이틀 ② 추가
③ 인적사항 ④ 복용
⑤ 해열제 ⑥ 접수
⑦ 처방전 ⑧ 제출
⑨ 진료기록 ⑩ 수납
⑪ 호명 ⑫ 냉방병
⑬ 부작용

독해력 살피기

1. 열, 목이 간질거림, 콧물, 기침
2. (㉮) → (㉱) → (㉰) → (㉯)
3. 부작용, 있다
4. ①
5. ③
6. 10ml

표현력 키우기 (예시답안)

• 손을 깨끗이 씻는다.

• 사람이 많은 곳은 피한다.

• 더워도 밥도 잘 챙기고, 잠도 잘 자도록 노력한다.

• 에어컨을 사용할 땐, 실내외 온도 차가 5도 이상 나지 않도록 한다.

• 틈틈이 수분섭취를 하고, 가벼운 운동을 한다.

23일차 미술관 나들이 90-93쪽

어휘력 틔우기

① 보 ② 해
③ 별 ④ 적
⑤ 물 ⑥ 수
⑦ 서 ⑧ 전
⑨ 복 ⑩ 인
⑪ 본 ⑫ 형

독해력 살피기

1. 사람이 너무 몰릴 것
2. 동영상, 사진, 관람 후기
3. 전형필, 국보, 보물
4.

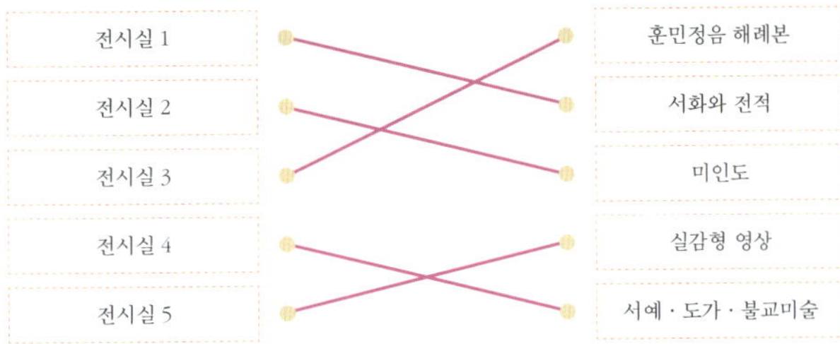

표현력 키우기 (예시답안)

- 주말에 미술관에 가서 미술작품도 보고, 직접 만들고 즐길 수 있는 미술체험활동을 한 적이 있다.

24일차 AI교과서의 시대 94-96쪽

어휘력 틔우기

① 피드백 ② 데이터
③ 방침 ④ 찬반양론
⑤ 첨예하게 ⑥ 도입
⑦ 이슈
㉮ 분석 ㉯ 잠재력
㉰ 문해력 ㉱ 몰입력
㉲ 유출 ㉳ 격차
㉴ 논의

독해력 살피기

1. 기존의 서책형 교과서에 디지털 기술을 도입하고 인공지능 기술을 적용한 교과서
2. 학습능력, 속도, 흥미
3. ①, ④
4. 찬성: ①, ④ 반대: ②, ③

표현력 키우기 (예시답안)

- 나는 디지털 교과서를 쓰는 데 찬성한다. 왜냐하면 학생별 활동이 데이터로 기록되기 때문에 수준별 맞춤 수업이 가능하기 때문이다.
- 나는 디지털 교과서를 쓰는 데 반대한다. 왜냐하면 디지털 과몰입, 문해력 및 집중력 저하의 우려가 크기 때문이다.

PART 4

생활문해 실전편: '학습문해력'이 아닌 '생활문해력'을 목표로 삼아야 한다

25일차 첫 생일을 축하해

99-101쪽

어휘력 틔우기

① 돌잔치
② 하이라이트
③ 돌잡이
④ 무병장수
⑤ 갈팡질팡
⑥ 초대

독해력 살피기

1. (1) 살
2. 실내
3.

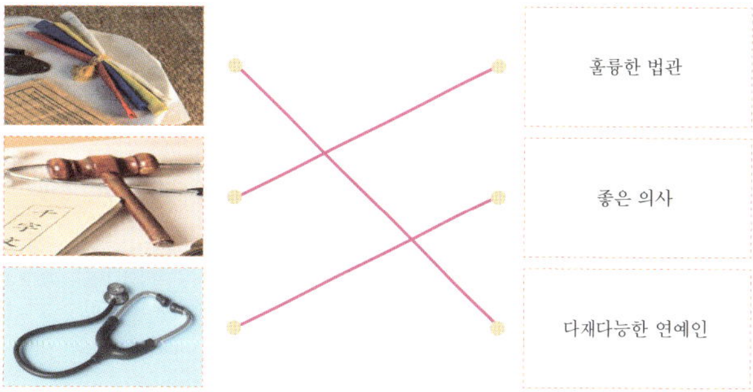

4. 실타래, 건강

표현력 키우기 (예시답안)

- 내가 고르고 싶은 물건의 이름: 붓
- 물건을 고른 이유: 세상을 깊이 있게 이해해 어떠한 상황에서도 긍정적인 해결책을 찾아내는 사람으로 만들어 줄 거 같기 때문이다.

26일차 동아리 활동을 소개합니다 102-105쪽

어휘력 틔우기

① 운영 ② 협조
③ 동아리 ④ 교내외
⑤ 목적 ⑥ 실시
⑦ 참고 ⑧ 출결
⑨ 집결 ⑩ 양해
⑪ 변경 ⑫ 추후
⑬ 의거 ⑭ 지참
⑮ 직접 ⑯ 동일하게
⑰ 학부모

독해력 살피기

1. ②
2. ㉠: 즐거움 ㉡: 생동감
3. ○: ②, ④
4.

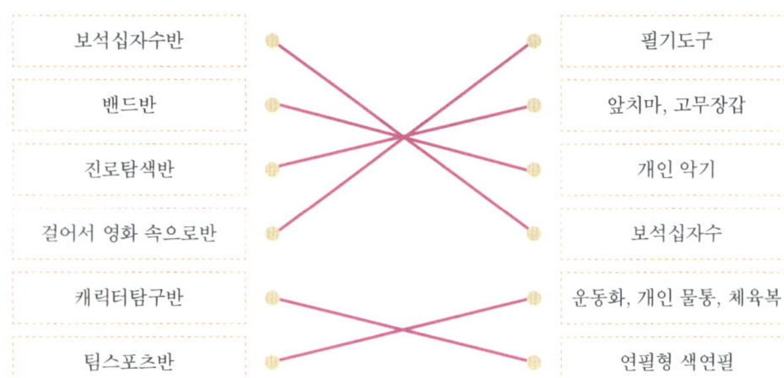

표현력 키우기 (예시답안)

• 나는 학교에서 방송댄스부 활동을 하고 있다.
여러 노래에 맞춰 춤추고 싶은 마음에 들어왔는데 해 보니 춤추는 것이 생각보다 더 재밌고 즐거워서 굉장히 만족한다.

27일차 현금 없는 버스가 있다? 106-108쪽

어휘력 틔우기

① 금 ② 통
③ 카 ④ 잔
⑤ 문 ⑥ 해
⑦ 성 ⑧ 이

독해력 살피기

1. 현금
2. 현금납부, 거스름돈 반환
3. 700원, 샛별은행 135-246-7890(예금주: 스피드교통 주식회사) 혹은 1,200원, 샛별은행 135-246-7890(예금주: 스피드교통 주식회사)
4. ○: ①

표현력 키우기 (예시답안)

- 교통카드에 여유자금이 충분히 있는지 자주 체크한다.
- 모바일뱅킹 앱을 이용한 계좌이체 방법을 배운다.

28일차 자전거, 제대로 알고 타나요?

109-111쪽

어휘력 틔우기

① 보편화 ② 주의사항
③ 딴짓 ④ 안전장비
⑤ 법규
㉮ 준수 ㉯ 예방
㉰ 일상화 ㉱ 방어운전
㉲ 습관화

독해력 살피기

1. 자전거, 학교, 학원
2.

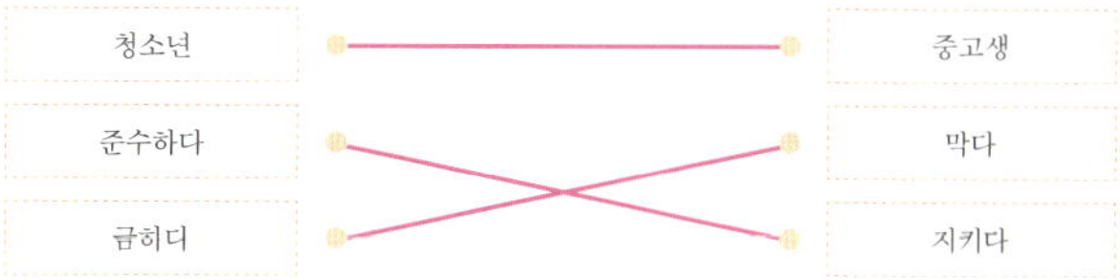

3. ① 휴대전화를 만지는 것
   ② 문자를 보내는 것
   ③ 게임을 위해 액정화면을 보는 것
   ④ 헤드폰이나 이어폰으로 음악 듣는 것
4. ⑤

표현력 키우기 (예시답안)

- 상황: 아빠차를 타고 식당으로 향하는 중에 차도에서 픽시 자전거(브레이크 없는 자전거)를 타는 무리를 만님
- 그때 든 생각: 자전거가 끼어들어서 아빠가 운전하시는 데 여러 가지 어려움이 생길 거 같아 불안했다.
- 해결방법: 픽시 자전거의 위험성을 충분히 알리고 관련 규정을 숙지시킨다.
  경찰이 단속을 진행한다.

29일차 '법이 봐주는' 아이들 112-114쪽

어휘력 티우기

① 절도 ② 체벌
③ 중대한 ④ 논의
⑤ 교정 ⑥ 방화
⑦ 건전 ⑧ 헛점

독해력 살피기

1. 촉법소년
2. 소년법 제4조 제1항 제2호
3. ○: ① ×: ②, ③
4.

찬성	10대들이 범죄에 대한 죄의식과 책임감을 갖지 못할 수 있기 때문이다.
반대	아직 어린 나이라, 자라면서 충분히 변할 수 있기 때문이다.

표현력 키우기 (예시답안)

- 나는 촉법소년 연령 하향에 대해 찬성한다. 왜냐하면 청소년 범죄 억제에 도움이 될 거 같기 때문이다.
- 나는 촉법소년 연령 하향에 대해 반대한다. 왜냐하면 처벌만 강화한다고 해서 문제를 해결할 수 없고, 오히려 청소년들의 성장과 재사회화 가능성을 차단하고, 장기적으로는 부정적인 영향이 더 크기 때문이다.

30일차 날씨가 왜 이래? 115-117쪽

어휘력 티우기

① 변화무쌍 ② 주의
③ 어플 ④ 검색
⑤ 포근한 ⑥ 각별한
⑦ 일교차

독해력 살피기

1. 일기예보를 검색해 날씨를 체크한다.
2. ③
3. ③
4. 일교차 큰 날: 11, 11, 월, 20, 9, 11
   일교차 작은 날: 11, 17, 일, 16, 11, 5

표현력 키우기 (예시답안)

- 일교차가 클 때에는 레이어드 스타일을 추천한다.
- 얇은 옷을 여러 겹 입어 필요에 따라 조절한다.
- 가벼운 경량패딩이나 바람막이를 준비한다.

31일차 경주로의 여행

118-120쪽

어휘력 틔우기

① 일　② 관
③ 화　④ 설
⑤ 교　⑥ 임
⑦ 특　⑧ 별

독해력 살피기

1. ①
2. ④
3.

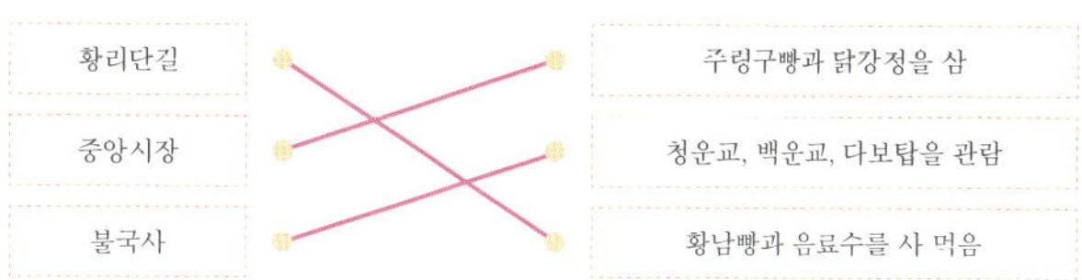

4. 안 가 본 곳에 가 보고 싶다.

표현력 키우기 (예시답안)

- 여행 가고 싶은 곳: 부산, 포항, 경주, 제주도 등
- 여행지에서 하고 싶은 것: 해변열차 타기, 바다 구경하기, 문화재 관람, 말 타기 등

32일차 핸드폰에 폭싹 빠졌수다

121-123쪽

어휘력 틔우기

① 화근
② 대체
㉮ 야외
㉯ 연휴

독해력 살피기

1. 연예 뉴스나 유튜브 보기
   SNS 하기
   인터넷 쇼핑
   즐겨찾기 목록 들어가기
   모바일 메신저로 수다 떨기
2. 명절연휴 때 할아버지, 할머니, 친척들이 방문했는데 가족들과의 대화에 전혀 참여하지 않아서
3. ④
4. ③

표현력 키우기 (예시답안)

- 나는 인희 이야기에 공감 가는 부분이 많이 있다. 왜냐하면 나 역시 비슷한 경험으로 핸드폰 사용 계약서를 작성한 경험이 있기 때문이다.
- 나는 인희 이야기에 공감 가는 부분이 전혀 없다. 왜냐하면 핸드폰을 사용할 때는 사용규칙을 정하고 철저히 지키기 때문이다.

저자 소개

이연수
(LEE YEON SOO)

- 대구대학교 언어치료학과 학사(재활심리학과 복수전공)
- 일본 쓰쿠바대학교 인간종합과학연구과 장애과학 전공 석사
- 영남대학교 대학원 지역 및 복지행정학과 박사 수료

- 2급 언어재활사/2급 임상심리사/2급 사회복지사/1급 보육교사(보건복지부) 자격 취득
- 발달재활서비스 제공인력(기타인지 영역)

- **전** 대구 요한바오로2세 어린이집 언어재활사
- **현** 대구 세란아동발달상담센터 인지학습치료사, 인지학습치료 홈티

경계선 지능의 아동·청소년을 위한

느린 학습자와 일상을 잇는 생활문해 지원 워크북

Build-up of life literacy that connects slow learners and daily life

2026년 1월 10일 1판 1쇄 인쇄
2026년 1월 20일 1판 1쇄 발행

지은이 • 이연수
펴낸이 • 김진환
펴낸곳 • (주) 학지사
04031 서울특별시 마포구 양화로 15길 20 마인드월드빌딩
대표전화 • 02)330-5114 팩스 • 02)324-2345
등록번호 • 제313-2006-000265호

홈페이지 • http://www.hakjisa.co.kr
인스타그램 • https://www.instagram.com/hakjisabook

ISBN 978-89-997-3603-2 93370

정가 15,000원